物流配送网络优化

——考虑回收与调货的时效产品双向配送

王雁凤　编著

·北京·

本书以时效产品配送网络为研究对象，对时效产品进行了界定、分类，构建了考虑回收与调货的时效产品双向配送网络的整体系统。深入分析了时效性、回收、调货等对零售业配送网络的影响，分别研究了考虑模糊时间窗、回收、调货以及多变量决策的时效产品配送网络的结构、配送中心的选址及流量分配等决策优化问题。本书力求理论与实践相结合，立足于数学模型构建和算法设计，着眼于算例分析及运用。

本书可作为高等院校经济、管理类本科学生、研究生、高职高专物流专业的教学及科研用书，也可供成人教育学生、企业物流管理人员和相关专业人员参考。

图书在版编目（CIP）数据

物流配送网络优化：考虑回收与调货的时效产品双向配送/王雁凤编著.—北京：化学工业出版社，2020.6（2023.1 重印）

ISBN 978-7-122-36611-5

Ⅰ.①物… Ⅱ.①王… Ⅲ.①物资配送-网络化-最佳化 Ⅳ.①F252.2

中国版本图书馆 CIP 数据核字（2020）第 067585 号

责任编辑：辛　田　　文字编辑：冯国庆
责任校对：刘　颖　　装帧设计：王晓宇

出版发行：化学工业出版社（北京市东城区青年湖南街 13 号　邮政编码 100011）
印　　刷：北京云浩印刷有限责任公司
装　　订：三河市振勇印装有限公司
710mm×1000mm　1/16　印张 8　字数 137 千字　2023 年 1 月北京第 1 版第 2 次印刷

购书咨询：010-64518888　　售后服务：010-64518899
网　　址：http://www.cip.com.cn
凡购买本书，如有缺损质量问题，本社销售中心负责调换。

定　价：73.00 元

前言

时效产品是指具有短周期、时间响应强、需求波动大、销售风险大、销售末期产品残值低等特征的一类产品的总称，包括时尚品、高科技产品、易腐品等。随着科学技术的迅猛发展，人们生活水平的不断提高，时效产品的生命周期逐渐缩短，客户需求逐渐个性化和多样化，这就使得时效产品的市场需求更加不确定，产品供给和需求很难实现平衡与匹配，在时效产品销售末期经常会出现某些零售商缺货，而另一些零售商却有剩余存货的现象。因而，如何采取有效策略来平衡供需、减少零售商的风险、提升时效产品配送网络整体效益成为当前针对时效产品的重要研究课题。

随着经济社会的快速发展以及人们环保意识的提升，人们不仅仅关注传统的正向物流配送环节，回收物流产生的经济价值和长远意义也越来越得到政府、企业及消费者的普遍认可。目前市场上的时效产品存在非常普遍的退货现象，而来自客户的无缺陷退货因其具有较高的销售价值成为时效产品回收物流的重要组成部分。如果零售商能够在时效产品整个生命周期内对其进行及时准确的需求预测，从而将多余的存货量提前调往配送中心，再由配送中心运送到即将缺货的零售店，那么这将成为平衡供需矛盾、降低时效产品成本与销售风险的一种重要途径。此外，为了应对市场需求的不确定性、时效产品的易逝性等复杂原因造成的销售末期供求不平衡问题，存货零售商与缺货零售商之间的横向调货也普遍存在于计算机、时装、报纸等市场。零售商之间的协调调货能够平衡产品市场需求，降低库存剩余的零售商的库存风险，增加库存短缺的零售商的销售利润。因此，针对时效产品零售商之间的调货研究也具有较强的现实意义。

本书在国内外相关研究基础上，对时效产品进行了界定和分类，探索了时效产品的生命周期及对零售业配送网络的影响，构建了考虑回收与调货的时效产品双向配送网络的整体系统。以此为基础，深入分析了时效性、回收、调货等对零售业时效产品配送网络的影响，分别研究了模糊时间窗、回收、调货以及多变量等策略下时效产品配送网络的结构、配送中心的选址及流量分配等决策优化问题。

本书的主要研究包括以下几方面。

① 考虑回收与调货的时效产品双向配送网络系统构建。

② 基于模糊时间窗约束的时效产品配送网络优化研究。

③ 考虑回收的时效产品配送网络优化研究。

④ 考虑调货的时效产品配送网络优化研究。

⑤ 考虑多变量决策的时效产品配送网络集成优化研究。

由于笔者水平有限，书中不足之处在所难免，希望广大读者批评指正。

编者

目录

第 1 章　绪论 …… 1

1.1　研究背景和意义 …… 2

1.1.1　研究背景 …… 2

1.1.2　研究意义 …… 4

1.2　国内外研究现状 …… 5

1.2.1　物流配送网络研究现状 …… 5

1.2.2　时效产品配送网络研究现状 …… 10

1.2.3　产品回收物流研究现状 …… 13

1.2.4　零售商调货研究现状 …… 15

1.2.5　时间窗研究现状 …… 16

1.2.6　现有文献评述 …… 17

1.3　研究思路及技术路线 …… 18

1.4　本书的创新点 …… 21

第 2 章　考虑回收与调货的时效产品双向配送网络系统构建 …… 24

2.1　时效产品的概念及分类特征 …… 25

2.2　时效产品的生命周期分析 …… 26

2.3　时效产品对零售业配送网络的影响分析 …… 30

2.4　时效产品配送网络构建的原则和内容 …… 30

2.5　考虑回收与调货的时效产品双向配送网络系统构建 …… 32

2.6　时效产品双向配送网络运作模式分析 …… 34

第 3 章　基于模糊时间窗约束的时效产品配送网络优化研究 …… 38

3.1　问题描述 …… 39

3.2　模糊时间窗 …… 39

3.3 数学模型 …… 41
3.3.1 模型假设 …… 41
3.3.2 符号说明 …… 41
3.3.3 模型构建 …… 43
3.4 分层遗传算法设计 …… 44
3.5 案例分析 …… 45
第4章 考虑回收的时效产品配送网络优化研究 …… 56
4.1 问题的提出 …… 57
4.2 考虑回收的特点及对时效产品配送网络的设计要求 …… 58
4.3 基于贝叶斯信息更新的问题描述 …… 59
4.4 数学模型 …… 61
4.4.1 模型假设 …… 61
4.4.2 符号说明 …… 61
4.4.3 模型构建 …… 63
4.5 模型求解 …… 65
4.6 算例分析 …… 67
第5章 考虑调货的时效产品配送网络优化研究 …… 75
5.1 问题的提出 …… 76
5.2 考虑调货的特点及对时效产品配送网络的影响 …… 77
5.3 数学模型 …… 78
5.3.1 模型假设 …… 78
5.3.2 符号说明 …… 78
5.3.3 最优调货量证明 …… 79
5.3.4 模型构建 …… 81
5.4 算例分析 …… 83
第6章 考虑多变量决策的时效产品配送网络集成优化研究 …… 89
6.1 考虑多变量决策对时效产品配送网络的影响 …… 90

6.2 问题描述 …… 91
6.3 数学模型 …… 92
6.3.1 符号说明 …… 92
6.3.2 模型构建 …… 93
6.4 非线性变换设计 …… 96
6.5 算例分析 …… 97
第 7 章 总结与展望 …… 102
7.1 总结 …… 103
7.2 研究展望 …… 105
参考文献 …… 107

第 1 章 绪论

1.1 研究背景和意义
1.2 国内外研究现状
1.3 研究思路及技术路线
1.4 本书的创新点

1.1 研究背景和意义

1.1.1 研究背景

随着科学技术的迅猛发展，人们生活水平的不断提高，诸如时装、电子等产品的市场周期越来越短，还有一些季节性、易腐性的产品，如蔬菜瓜果、食品等产品的生命周期也越来越短。这些现象反映出具有时效性特征的产品规模正在不断扩大，且普遍具有零售商单周期订货、需求量不确定、产品生命周期短、销售期末未售出的产品残值低、生产经营风险大等特点，这类时效性产品对商贸零售业的运营构成了极大的挑战[1]。零售业作为连接生产者与消费者之间的桥梁，在整个产品流通体系中起着重要的作用。由于其在现实生产活动中的广泛存在性以及对人们日常生活的基本保障性，商贸零售业中时效产品配送网络优化一直是研究的热点。在零售商销售时效产品的过程中，由于时效产品自身生命周期短、客户对时效产品需求波动变化等原因，会造成零售商对时效产品的市场预测能力下降，时效产品的销售情况很难把握，在时效产品销售末期经常会出现这样的情景：某些零售商存在缺货现象，而另外一些零售商却有剩余的存货[2]。因而，如何优化时效产品配送网络，如何采取一些有效策略来平衡供需、减少零售商的风险、提升时效产品整体网络效益成为当前针对时效产品的重要研究课题。

随着经济社会的快速发展以及人们环保意识的提升，人们不仅仅关注传统的正向物流配送环节，回收物流产生的经济价值和长远意义也越来越得到政府、企业及消费者的普遍认可。回收物流目前已成为企业增强自身核心竞争力、提升企业形象和品牌价值、增值客户服务价值以及促进供应链整体协调发展的重要途径。产品回收物流包括把产品的原材料、半成品、产成品及其相关信息从用户端高效、低成本回流到循环供应链上游端的规划、设计、实施和控制的过程，其目的在于重新获取其价值或对其适当处理[3]。由于时效产品一旦超过保质期限或销售期限，产品的使用价值会很低甚至为零，如易腐产品超过保质期其价值瞬间降为零，而时尚产品和高科技产品超过销售期即使使用价值犹在，但市场价值随着时间的流逝迅速衰减，所以传统研究过期或废弃的时效产品回收物流的意义不大。但是，如果零售商能够在时效产品整个生命周期内对其进行及时准确的需求预测，从而将多余的存货量提前调往配送中心，再由配送中心运送到即将缺货的零售店，那么这将成为平衡供需矛盾、降低时效产品库存成本和销售风险的一种重要途径。

同时，目前市场上大多数产品尤其是时效产品存在非常普遍的退货现象。据调查，美国的时装、电子产品等行业，退货量居高不下，占所有订货量的比例为 35%，Estee Launder 每年在全世界的销售额将近 40 亿美元，但是包括退货、报废的产品价值就达到 1.9 亿美元，占总销售额的 4.75%，大量的产品退货严重侵蚀着供应链各企业的利润，来自消费者的退货会导致零售商及生产商的利润分别下降 4.3%和 3.8%，零售业正面临着来自回收物流巨大的压力和挑战[4]。而在诸多产品回收物流中，来源于客户的无缺陷退货受到越来越广泛的关注，这一现象在时效产品行业尤为常见，如惠普公司生产的喷墨打印机，无缺陷产品退货占据全部退货产品的 80%；计算机产品占 85%，小家电则高达 90%。同样，时装等行业的无缺陷退货问题也非常明显[4]。虽然零售商或制造商在回收、处理、再配送大量退货产品时会耗费一系列成本，如回收、检测、重新包装、再配送等，也会削减企业部分的销售利润，但是从长远来看，允许客户无缺陷退货不仅能够满足消费者多样化的购买需求，还能增加其未来购买的概率，大大提升客户服务水平和企业良好形象。而且，一般来说，客户无缺陷退货产品的使用价值并没有发生多少改变，如果能在时效产品生命周期内及时回收并再配送的话，那么其较高的销售价值依然可以成为时效产品回收物流的重要组成部分，因此，本书研究的考虑回收的时效产品配送网络也包括消费者退货这一内容。

此外，为了应对由市场需求的不确定性、时效产品的易逝性等复杂原因造成的销售末期供求不平衡问题，存货零售商与缺货零售商之间的横向调货也普遍存在于时效产品行业[5]。如果零售商距离供应商很远，而缺货商与存货商之间距离较近或者供应商也存在缺货的情形下，可以采用调货的方式。零售商之间的协调调货能够平衡产品市场需求，降低库存剩余的零售商的库存风险，增加库存短缺的零售商的销售利润。因此，零售商之间时效产品调货研究具有现实意义。

国家“十二五”规划提出优化发展商贸服务业，优化城市综合超市、购物中心、批发市场等商业网点结构和布局，支持便利店、中小超市、社区菜店等社区商业发展，鼓励和支持连锁经营、物流配送、电子商务等现代流通方式。因此，本书在国家要求及行业背景下，对时效产品进行了界定和分类，探索了时效产品的生命周期及对零售业配送网络的影响，构建了考虑回收与调货的时效产品双向配送网络的整体系统框架，深入分析了时效性、回收、调货等对时效产品配送网络的影响，并分别对回收、调货以及多变量决策的时效产品配送网络优化进行研究。本书的研究完善了目前对时效产品的研究空缺，扩展了物流网络优化应用范畴，有利于实现时效产品供需平衡，能够有效降低零售商风险，提升客户满意度及物流配送企业的形象，更好地保护生态环境并推动社会可持续发展。

1.1.2 研究意义

本书研究的理论意义包括以下几方面。

① 对时效产品进行定义和分类，分析了时效产品的生命周期变化规律，考虑时效产品对原有配送网络的影响，探索了时效产品配送网络构建的原则和内容，构建了考虑回收与调货的时效产品双向配送网络系统框架图，完善了目前对时效产品的系统性研究空缺。

② 采用模糊时间窗来反映有弹性的零售商服务时间偏好的时间窗，将零售商的满意度定义为时效产品到达时间的模糊隶属度函数，并构建基于模糊时间窗约束的时效产品配送网络优化模型。这种方法较好地刻画了零售商的心理满意度，从而将零售商心理、行为等新的研究视角运用到时效产品配送网络中，为以后的研究开阔了视野。

③ 分析了回收的特点、意义以及对时效产品配送网络的设计要求，在原有的正向配送网络基础上增加回收/再配送环节，将贝叶斯信息更新运用于预测销售末期的时效产品状态等研究中，构建了考虑回收的时效产品配送网络优化模型，拓展了传统正向和逆向物流网络应用领域，突破了多数文献仅限于研究废弃物逆向物流的局限性。

④ 分析了零售商调货的特点、意义以及对时效产品配送网络的影响，利用博弈论证明了零售商之间的最优调货量和调货价格，并将博弈论的个体决策与物流网络整体优化有效结合起来，构建了考虑调货的时效产品配送网络优化模型，为时效产品个体决策和网络整体优化之间搭建桥梁，大大拓展了物流网络优化和博弈论的应用范畴。

本书研究的实践意义包括以下几方面。

① 有利于平衡时效产品市场需求以及降低零售商风险。本书考虑对时效产品采用回收/再配送及协调调货等策略，能够实现平衡产品市场需求，降低库存剩余的零售商销售风险，增加库存短缺的零售商的销售利润，最大化满足市场需求，提升客户满意度和服务水平，增强时效产品企业及供应链整体的竞争优势。

② 有利于生态环境的保护和社会可持续发展。时效产品具有的短周期、时效性强、需求波动大等特征使其不可预测性明显，产品过时和过期现象较为严重。本书考虑回收的时效产品包括预测生命周期末不可能销售完的产品、由消费者引发的无缺陷退货以及有缺陷可修复的退货产品，并有效保障这些时效产品在生命周期结束前销售完，这样能够最大限度避免时效产品因过时和过期造成的资源严重浪费及环境污染现象，有利于保护生态环境，提升顾客价值，促进社会、经济及环境效益。

③ 有利于时效产品循环利用以及提升零售业的形象。随着可持续发展、循环经济、环保、安全观念深入人心，绿色消费已成为一种消费理念，消费者对企业的接受和认可不再仅仅关注其是否能够提供质优价廉的产品，而是越来越关注企业是否能够从消费者满意度出发合理设计网络，是否允许消费者无缺陷退货，是否节约利用资源，是否会对即将过期和过时产品进行回收或调货以增加产品的循环利用，企业是否注意保护环境，其物流配送、回收、调货等环节是否安全通畅等。由此可见，时效产品零售业实施回收与调货策略，既凸显了环保理念，履行了社会责任，又能树立良好的企业形象、企业信誉，提高我国商贸零售业的整体竞争力。

1.2 国内外研究现状

1.2.1 物流配送网络研究现状

物流网络是由物流节点及节点之间的连接所共同形成的一个网状配置系统，其六大功能包括存储、运输、搬卸装运、配送、流通加工和信息处理。多层次物流网络是未来物流网络发展的必然趋势，它是物流水平发展到一定层次上的必然结果。在物流网络上，关于物流节点的选择和路线的安排，即运筹学中常说的设施选址-分配问题，是物流配送网络优化研究的重点。物流配送网络设计及优化属于物流管理中的战略问题，因为物流配送网络一般要对设施和运输路线进行中长期的长远规划，涉及重大的资金投入和战略决策。

针对物流配送网络的研究，国外学者 Riccardo 研究了动态多周期、多产品的配送中心选址和顾客分配问题，建立了一个混合整数规划模型，并开发了相应的求解器[6]。Ghezavati 研究了供应链中，存在环境不确定性以及需求呈现泊松（Poisson）分布情况下，考虑配送中心覆盖半径，建立了混合整数规划模型，并开发了一个改进的遗传算法进行了优化解答[7]。Rawls 研究了紧急物资和救助配送中心的选址及能力设计问题，同时也考虑了对于多种救助物资的库存能力分配。因为自然灾难的发生具有很大不确定性，作者考虑了其随机性质以及服务水平的约束。约束确保了满足所有需求的可能性不低于置信度 a，并且抵达需要救助人群的距离不大于某个限制[8]。Listes 介绍一个随机规划模型，目的是在一个逆向物流网络中选择设施的位置，并把该模型应用在荷兰的多个拆迁工地的沙子收集、回收和再利用的案例上。在建立的模型中，废弃沙子的数量和供应地是不确定的，对于回收沙子的需求也是不确定的。作者建立一个三阶段的混合整数随机规模模型，以最大化项目收益为目标。在第一阶段，得到了设施选址的初步决策，接着解决了供应的不确定性；在第二阶段，为了满足回收能力约束，如果有必要则需要新开放一些设施，需求的不确定随之解决；而在第三阶段，制定了产品流向决策。由于问题规模较大，文中采用了 CPLEX 数学优化软件进行了求解[9]。Daskin 提出一个选址-库存模型，目标函数是最小化每日随机需求条件下定位设施、运输材料和持有库存的期望成本。每一个设施都假定采用（Q，R）的库存策略，成本与 EOQ 策略相近，只是多考虑了安全库存一项。模型被简化成了一个确定型模型，目标函数也变成随机参数均值和方差的函数，作者在解决该模型时采用了拉格朗日松弛算法[10]。Alonso-Ayuso 介绍了一个更加一般的模型，模型中的决策包括工厂生产能力、产品组合、供应商选择以及把产品指派给工厂。模型是一个多阶段优化问题，第一个阶段的变量是二元的，分别代表能力、产品组合和采购决策；随后阶段属于战术决策阶段，包括产量、库存和运输量等，变量也是连续型的，文中基于分支-固定协同技术提出了一种新的算法[11]。Butler 提供了一个在不确定成本、需求量、能力及其他一些参数的情况下，企业上市一种新产品的供应链设计模型。目标函数综合考虑了期望利润和后悔值。作者探讨了均值结果与一些鲁棒性方法的关系问题，并把该模型应用在了一家大型消费电子产品制造商的案例中[12]。Shiode 研究了竞争性设施选址问题。问题中有两个竞争者，每一个按次序为自己的单个设施进行选址。对于第一个选址者，需求是随机的，而对于第二个选址者，需求则是确定的。目标是寻找两者共同的最优解。在确定型背景下，第二个选址者的问题已被证明是一个中位数型问题，而对于第一个选址者来说，则是一个中心点问题。然而，在不确定环境下，第一个选址者的目标是最大化 K 的值，指随后的竞争者的市场份额在不大于 K 的概率下的置信度为 a。作者证明了第一个选址者的位置一定在于某个节点上的1-Iakimi属性，随后作者还提出了一种有效的解决方法，其实就是直线搜索每个节点，属于一维不受限的凸最小优化问题[13]。Berman研究了网络上节点需求不确定的单设施渐变覆盖选址问题。每一个需求节点都定义了两个覆盖半径，一个较小的和一个较大的。如果节点到设施点的距离小于较小的半径，认为该节点的需求是完全覆盖的；如果距离大于较大的半径，则认为该节点没有被覆盖。如果距离居于两个半径之间，覆盖水平就通过一个覆盖衰减函数来度量。每个节点的需求是独立的离散型随机变量。该问题的目标函数是使得整体覆盖需求大于某一个预先设置的阈值的概率最大化。作者证明了NP（多项式复杂程度的非确定性问题）难属性，并利用一个精确算法进行了求解[14]。Torres考虑两个具有多周期的、动态需求的、有能力限制的设施选址问题。在第一个问题中，设施允许在不同周期内进行重新选址；在第二个问题中，设施地址是在规划期内确定的、固定的。作者为两个问题分别提供了一个拉格朗日松弛算法和Benders分解算法。为了具体分析算法的性能，文中应用了多个算例，考虑不同的需求位置和不同的时间周期，以及固定的成本结构和设施能力。通过算例分析，作者观测到算法的效率其实对输入数据的结构存在一定的依赖，特别是与成本的结构和设施的能力，以及不同周期内顾客总需求的变化关系密切[15]。Wagner重新考虑了在具有几种风险因素下的随机环境中的无能力限制的设施选址问题，每一个顾客需求节点的需求是随机的，并且不同需求节点之间还存在相关性。该文献主要的贡献在于采用了均方差模型对问题进行重新构造。问题的目标是，基于事先确定的置信水平，使得未来收益的下限最大化。在新的目标下，作者得到了一个非线性规划模型，并用分支定界算法进行了求解，适用于中小规模的优化问题使用[16]。Gebennini开发了一个多周期、多产品的设施选址问题，建立了一个混合整数规划模型，其中要做出的决策包括配送中心的数量、地址选择、顾客需求分配，同时也考虑了随机不确定环境下的一些战术性决策，包括配送中心的库存控制、生产率、服务水平等，在数据试验中还分辨出了一些影响物流成本的最关键的一些因素[17]。

由于物流配送网络的设施选址优化问题及其变种的NP难性质，使得很多学者专门设计算法来研究它们的性能，比如Sharkey研究了多周期设施选址问题及其几个变种，并设计了一种准确的分支-定价算法来求解，其中定价问题采用的是生产规划和订单选择等问题中的有意义的成本核算问题的形式，比如选择订单使得利润最大，包括来自订单的收入减去在执行这些订单所要执行的生产规划相关的成本。作者把该算法同一些商用软件包的性能进行了比较分析[18]。Stanimirovic研究了解决离散型有序中值问题的两种新的启发式算法，它们都是基于遗传算法和一种快速互换启发式算法。作者研究了二元遗传编码和实数编码的效率，并设计了新的遗传算子保证个体的可行性。算法还在标准的ORLIB数据库中的P-中值问题上进行了测试，结果也证明了两种算法的优良性能[19]。Amrani针对两阶段的多产品、带有单一工厂的有能力限制的生产-配送网络设计问题，建立了混合整数规划模型，并开发了一个有效的集成禁忌过程的变邻域搜索智能算法[20]。Baron把鲁棒优化方法应用到了具有不确定需求的网络设施选址问题上，考虑个多个周期、固定费用的情况。要做出的决策也包括了设施数量、地址、能力，各个周期的产量以及需求的设施分配。作者建立了两种需求不确定模型，一种是需求具有界限，并且是对称的多维度箱形分布；另一种是椭球形分布需求。研究发现，随着需求不确定情境的不同，网络拓扑结构也大不相同[21]。此外，在另外一篇文献中，Baron也分析了随机需求和设施拥塞同时可能存在的情况下，一系列设施的优化选址问题，包括它们的数量、地址和能力决策。在一般假设下，比如顾客需求空间上连续分布，一般化的顾客抵达设施和服务过程，非线性的设施建设和能力成本等，作者证明了该问题可以被逐步分解，然后构建有效优化算法求解[22]。Belenguer提出如果忽略了路线设计决策，在整体考虑配送成本因素的设计物流网络可能存在不足。因此，作者研究了配送路线设计问题。设施和运输工具能力都是有能力限制的，作者利用分支-切割法对该0-1整数规划问题进行了求解，并对算法在34个算例中的性能进行了比较分析[23]。Fernandes研究了非必需品服务设施规划问题，包括它们的数量、位置和设施规模设计，模型的目标是使得设施所能吸引到的整体期望需求最大化。其中假设设施必须满足一定的需求水平，否则不具有规模经济性。作者建立一个混合整数规划模型，并用分支定界法求解，分析了算法的效率和收敛性[24]。

目前关于物流配送网络的车辆路径优化VRP（车辆路径问题）研究很丰富，Christofidest提出k度中心树算法求解，即对固定m的m-TSP进行k度中心树松弛，但该方法需要提前知道所需车辆数的下界[25]。Balınskı提出集分割法，可直接在可行解集合上进行优化，建立简单的VRP模型，但当问题受约束不严格时，需要计算的状态空间非常大，求解效率低。上述求解方法均属于精确性算法，需要基于严格的数学手段，在可以求解的情况下，其解通常要优于人工智能算法，但当客户规模增大时，因而无法避开指数爆炸问题，从而使该类算法只能有效求解中小规模的确定性VRP[26]。Ai为求解包含n个客户m

辆车的 VRP，设计两种不同的解编码方法（SR-1 和 SR-2），结合多种粒子学习结构，编译粒子群算法求解。文中 SR-1 包含 $n+2m$ 维粒子，记录进入路径的客户优先级和车辆优先级，SR-2 包含 $3m$ 维粒子，记录车辆起止点和覆盖半径，结果显示 SR-1 优于 SR-2[27]。Cordeau 提出并行进化禁忌搜索算法求解，涉及的局部搜索和带简单扰动的禁忌搜索确保了搜索空间[28]。Sorensenn 基于再分配距离提出智能路径重连法，并与贪婪随机自适应搜索和变邻域下降搜索结合，结果验证得出该路径重连策略虽不能有效提高 GRASP+VND（贪婪随机自适应搜索和变邻域下降搜索结合的算法）算法性能，但却能增加算法多样性，避免陷入局部最优[29]。Jin 提出协同并行启发式算法求解，解池包含并行多个禁忌搜索算法获得的解，结果发现该方法可发现已知标准算法的新较优解[30]。

人工智能算法与精确算法相比，在精度上不占优势，但在求解大规模 VRP 时，可以在有限的时间里找到满意优解。许多智能优化算法已被用于车辆路径问题之中。在国内，李宁构造一个包含 $2L$ 维空间的粒子群算法（L 为客户规模），与遗传算法对比验证了算法性能[31]。郎茂祥采用客户直接排列的编码方法构建禁忌搜索算法求解，验证得出该算法可得到高质量的解，且收敛速度较快、计算效率高[32]。肖健梅将 CVRP 转化成连续优化问题，提出改进微粒群算法求解[33]。赵燕伟提出量子进化算法求解。然而，算法的单独使用往往表现出自身的优势和缺陷，如赵燕伟等于 2004 年提出的双种群遗传算法收敛速度慢、易陷入局部最优，之后于 2009 年提出的量子进化算法虽多样性丰富，解空间大，不易陷入局部最优，但搜索能力较弱。算法的混合使用能实现优化性能的互补，获得较为理想的求解效果[34]。王沛栋提出改进的蚁群算法，以路径节约值为启发式信息，动态更新信息素，利用 2-Opt、交换和插入进行局部搜索[35]。

在物流配送网络中，定位-路线问题（location-routing problem，LRP）是 VRP 与选址-分配问题（location allocation problem，LAP）的集成，目的是在给定的目标下，选择合适配送中心数量和位置，同时确定最佳的行车路线，主要应用于食品配送、药品配送、包裹配送、弃物收集等领域，适用于设施定位为中、短期决策，定位成本与运输成本有一定可比性的集成优化问题。

目前关于 LRP 的现有研究很多，国外学者 Albareda-Sambola 提出一个两阶段禁忌搜索算法求解，每个开放的配送中心只包含一条车辆路径，第一阶段优化车辆路径，第二阶段优化配送中心开放集合，算法有效性在客户规模为 30 的测试算例上被验证[36]。Prins 设计贪婪自适应搜索算法，求解同时有车辆容量限制和配送中心容量限制的 LRP，嵌入和改进随机节约算法和学习机制，优化之后再采用路径重连策略后优化[37]。Prins 结合带粒状禁忌搜索的拉格朗日松弛技术求解两阶段 LRP，第一阶段合成车辆服务客户，将 LRP 看作包含分配约束的选址问题，应用含分配约束的拉格朗日松弛技术优化；第二阶段应用 GTS 优化所得的多中心 VRP 问题[38]。Ting 设计多蚁群算法求解 CLRP，问题被分解为配送中心选择、客户分配和车辆路径优化三个子问题，通过配送中心选择和客户分配间的信息素更新，实现蚁群的协作[39]。

在国内，张潜提出利用两阶段启发式算法求解 LRP，即先采用最小包络聚类分析的启发式方法求解 LAP，再运用带有控制开关的遗传算法求解每一个聚类中的 VRP[40]。高军将 LRP 应用于军事物流系统中，考虑到战时物资需求的紧迫性和保障资源的有限性，构建两阶段模型求解[41]。

综合以上，与 VRP 研究相同，LRP 的现有研究也很多，模型建立趋于成熟，但因其也属于 NP 难题，且求解难度较 VRP 问题更为复杂，难度也更大，尝试应用求解 NP 难组合优化问题效果较好的其他算法求解该问题十分必要。

1.2.2 时效产品配送网络研究现状

目前国内外学者针对时效产品尚未给出较为明确的定义，相似的定义主要是针对易逝品、易变质产品、时令品或季节性产品等，本书将时效产品定义为具有短周期、时间响应强、需求波动大、销售风险大、销售末期产品残值低等特征的一类产品，主要包括时尚品、高科技产品、易腐品等，不包括废旧产品。

国外学者主要针对时尚品、易腐品等时效产品的物流网络进行了研究。针对服装、鞋等时尚品，国外学者主要从时尚品最优补货量、供应链概念模型等角度来研究。Whitin 通过构建经济订货批量模型来计算服装等时尚品的最优补货量[42]。Murray 则把潜在的消费者数量及其选择时尚品的概率，均纳入构建时尚品的动态优化中来计算最优订货量[43]。澳大利亚曾在 1999 年专门针对时尚品设置了敏捷供应链基金，指出敏捷供应链基金运作的关键在于畅通无阻的信息流[44]。Forza 认为应当采用缩短服装产品的采购提前期、生产提前期，及加强与零售商的沟通交流等策略来提升服装产品供应链的整体效率[45]。Christopher 构建了包含准则层、方案层、行为层三个维度的敏捷供应链的概念模型，运用快速补给与延迟策略，以及精益生产、减少浪费等策略提高供应链的快速反应，并认为市场灵敏度、虚拟化、关联性、网络化是时尚产品敏捷供应链的主要特点[46,47]。Bergvall则通过对欧洲的服装制造业进行分析调研，构建了服装制造业的敏捷供应链网络概念模型，认为欧洲的纺织企业应采取集中采购的策略来积极应对下游零售商复杂多变的市场需求[48]。

如今，随着时尚产品的迅猛发展和激烈竞争、资源匮乏以及环境污染等问题，时尚品供应链的可持续发展得到重视。De Brito以欧洲为例进行实证调研，认为维系时尚品供应链可持续发展的重要途径是开辟新的市场[49]。Jiuh通过对消费者进行模糊聚类分析、交付优先级设置等，将集成模糊优化方法用于物流配送网络中，从而能够快速有效满足消费者复杂多变的需求，并极大地提高物流配送网络的总体效率[50]。Yongjian则运用博弈论相关内容对时尚品供应链中新产品销售及过时产品回收问题的最优价格及策略进行了研究[51]。

国外学者针对易腐品物流网络的研究主要集中于生产调度、库存以及车辆路径优化等问题。Goyal将易腐品分为两大类：一类以食品、蔬菜和使用寿命较短的底片为代表的易逝品（perishable products）；另一类如酒精、汽油以及其他没有保质期的放射性物质，称为衰变产物（decaying products）。由于易腐品的保质期与销售周期短、退货品残值低、需求波动性强等特性[52]，物流过程的库存成本、运输成本很高[53]。合理的物流网络设计可以更好地规划、控制运输活动，从而减少易腐品在运输过程的损失。

Yang研究了在通货膨胀背景下的易腐品物流网络中的存货短缺问题，考虑并非所有消费者均会选择继续等待产品的特征提出了易腐品库存模型[54,55]。Naso指出要想在比较准确的时间窗内满足客户对易腐品的需求，需要考虑到时间窗设置与配送路径相互配合的复杂性，在小批量多批次的动态复杂环境下有效利用资源并降低成本，以及决策者需要针对突发情况迅速做出选择等因素，从而构建了易腐品的配送网络优化模型[56]。Huey运用非线性规划模型解决时间窗约束下的易腐品生产调度以及车辆路径优化问题[57]。Qinglin构造了基于多阶段的高易腐品供应链库存优化模型，并提出相应的补货策略[58]。

国内关于时效产品物流配送网络设计与优化的研究，所关注的时效产品主要是短生命周期产品、易腐品、高科技产品及季节性产品。

电子产品等短生命周期产品的物流分销网络优化设计的研究主要集中在库存控制等问题。徐贤浩认为虽然电子产品的物理性质比较稳定，但其市场价值却会随着时间的变化迅速衰减。针对这类无形变质的电子类产品，假定其变质率随需求量的增加而减小，分别构建了需求不变的短生命周期产品的库存优化模型，以及随机需求下短生命周期产品的经济批量订购模型[59～61]。此外，徐贤浩还充分考虑了压缩产品提前期和缺货价格折扣策略，构建了短生命周期产品的库存模型，并求得不同生命时期应采用的订货策略，同时构建了短生命周期产品的预测与库存集成模型[62,63]。丁玉珍针对目前对短生命周期产品库存信息进行自动识别时存在识别准确率不高、相对误差较大、识别耗时较长的缺点，提出一种基于 BP 神经网络（一种按照误差逆向传播算法训练的多层前馈神经网络）的生命周期产品库存信息自动识别方法。基于给定的假设条件，采用主成分分析法计算短生命周期产品库存信息的协方差系数，得到短生命周期产品库存信息特征值及其正交单位特征向量之间的关系，为了减少变量的数目，选取若干个主成分，使得短生命周期产品库存信息特征值累积贡献率大于85%，计算短生命周期产品库存信息在这若干个主成分上的得分，实现短生命周期产品库存信息降维处理。在上述基础上，根据给定参数对三层 BP 神经网进行学习和训练，计算 BP 神经网络各层的输入、输出特征向量以及各个神经元误差函数值，利用计算结果对训练好的 BP 网络进行连接权重和阈值修正，采用修正后的神经网络对短生命周期产品库存信息进行自动识别。仿真测试结果显示，提出方法能够实现短生命周期产品库存信息的高准确、低误差以及快速识别[64]。

针对易腐品，姜大立等构建了以总配送网络成本最小化为目标的易腐品连续选址模型，采用 CAGA 算法对模型进行演算[65]。励凌峰在描绘易腐品变质过程时采用了 Wdbull 函数，并构建有限时域内易腐品的订购策略模型，来计算订货时间、次数、客户水平等关键参数[66]。黄松等针对易腐产品特征构建物流分销网络模型，其目标函数包括选址、运输、库存及变质成本，并利用拉格朗日松弛算法求解[67]。闫妍针对弹性供应链的易腐品物流配送计划问题，在网络正常运行和单一节点失效的情况下，分别建立了在有限资源约束下的单目标多时段成本优化数学模型，以实现供应链运行总成本最小。用 CPLEX 软件求解该问题，通过与网络正常运行时的比较，得到各时段应急调度计划、库存量，以及部分满足用户需求时的各节点的扩容策略。仿真实验结果表明了所提出的求解该问题的应急方案是有效的[68]。郭健全针对不同周期的易腐品需求与退货不确定性问题，构建了易腐品多周期闭环物流网络，并设计了对应的混合整数线性规划(MILP) 模型，以实现最低系统总成本、最佳设施选址以及最优配送车辆运输路径的决策。为有效规避不确定参数的影响，采用基约束鲁棒方法，将模型中的部分清晰约束转换为鲁棒对应式。以上海市果蔬农产品企业为实例，通过遗传算法对模型进行求解。结果表明，相对单周期而言，多周期系统具有动态性、系统成本更低的优点，同时通过不确定预算参数的变化分析，验证了鲁棒模型的可行性与有效性，进而为不确定环境下构建多周期闭环物流网络及降低系统成本提供了借鉴[69]。

此外，徐贤浩、张雷等学者研究了高科技产品的枢纽选址及库存控制等问题[70～72]。刘思婧研究了在电子商务背景下，分别运用预售、提前期控制、配售等销售策略，来优化和设计快速时尚品物流分销网络的诸多问题[73]。

国内学者针对季节性产品的研究主要针对其如何定价、降价以刺激需求等，研究其配送网络的很少。如曹洪指出季节性产品的需求和价值会随着时间的推移有较大的差异，采用动态定价能够更好地描述这一现象[74]。熊中凯基于竞争环境构建了季节性产品的网上直销动态定价模型[75]。李武强通过在不同情景下运用降价策略来提高季节性产品的销售收入[76]。李绩才考虑了销售价格、广告费用对季节性产品市场需求的影响，并运用 CvaR（条件风险价值）来度量零售商销售风险，针对风险规避型零售商构建了包含产品订货量、销售价格、广告费用等联合策略的随机模型[77]。此外，李绩才以市场需求与生产制造环节存在双重随机不确定性的季节性产品供应链为研究对象，建立了双向期权契约机制下供应链上下游之间的博弈决策模型，分别针对制造商加急生产成本较低和较高两种不同情形，研究了零售商的最优订购策略与制造商的最佳生产计划；并通过详细的数值算例揭示了终端市场需求的随机波动性、成品产出的不确定性以及双向期权契约参数的变化对供应链上下游运作策略及运作绩效的影响。研究结果为季节性产品供应链系统中的产品采购与生产计划安排提供了参考[78]。

1.2.3 产品回收物流研究现状

很久以来人们对产品回收的关注主要集中在工程技术领域，后来到 20 世纪 90 年代以来才开始关注产品回收物流领域。传统的正向物流，就是我们熟知的产品从生产地流向消费地的过程，而产品回收物流则是相反的过程，产品将由消费地流向生产地的物流，这个相反的物流过程引发了逆向物流的诞生。近年来逆向物流成为社会各界关注的热点和重要研究领域。然而到目前为止，学者们对逆向物流的定义众说纷纭，并未达成一致。如美国后勤管理协会（CLM）给出的逆向物流定义是，因维修需要或企业信誉等问题，针对销售到客户手中的产品及资源的有效回流活动采取专业化的物流管理[79]。非营利专业组织逆向物流执行协会（RLEC）则定义逆向物流是产品从最终消费者流向其上游节点的过程，以弥补其缺损，恢复原有价值，并对其进行适当处理[80]。中国国家标准《物流术语》对逆向物流进行分类：一类是回收物流，指的是不合格产品的退货、返回维修，或其包装容器等从消费地流向生产地的实体流动过程；另一类是废弃物物流，即把已经失去原有使用价值的产品进行收集、分类等一系列活动，并运送到合适处理地形成的实体流动过程[81]。Carter 和 Ellram 指出逆向物流是产品在上下游企业之间的反向流动过程，由产品消费地流向生产地的活动[82]。综上所述，广义上的逆向物流不仅包括废旧产品及其包装的回收利用，生产、运输等环节出现的副产品及废品的回收利用，还包括产品因缺陷被退回或召回进行处理，或是产品因过时、错发、不合适、多发等诸多现实因素而引发的退货。

针对逆向物流的研究，早期 Lambert 和 Stock 提出逆向物流是与产品正向流动相反的活动[83]。之后 Stock 和 Kopick 发表了两篇具有标志意义的逆向物流方面的文章[84,85]，从而引起了大量学者对其关注及深入研究。这些研究主要包括几个方面。一是研究逆向物流网络分类，如 Fleischmann 等人将逆向物流网络分为再生产、再循环和再使用三类逆向物流网络，这主要是基于回收产品的处理方式来划分的[86]；Steven 则依据驱动逆向物流的动因，将逆向物流网络分为自盈利性和强制性的网络[87]。二是研究逆向物流网络结构，如 Thierry 等人认为产品的回收利用情况会导致逆向物流网络出现不同的拓扑网络结构，据此可将逆向物流分为直接再制造、再循环、翻新、维修等[88]；达庆利等人探讨了逆向物流网络的研究方法，并对其结构特点、构建原则及选址分配等问题进行了分析[89]。三是研究逆向物流网络结构优化，如马祖军等人以设施投资成本、运营成本及运输成本在内的总成本最小为目标，构建了再制造物流网络优化模型[90]，冷杰等人通过设计混合整数线性模型来优化三层级的再制造逆向物流网络[91]。

目前国内外学者针对产品回收物流的研究，主要是关于废旧品物流分销网络的研究，此处研究的废旧产品是已经超过了产品生命周期的过时、过期产品，并不是本书研究的尚在生命周期内经预测即将过期的产品。如 Jiuh 运用多目标规划解决了绿色供应链管理中正向物流与回收物流的集成问题[92]。Min 构建包括租赁、建设、仓储、材料处理及运输成本在内的总成本最小的数学模型，来解决废旧产品的回收网络优化问题[93]。Lee 研究了废旧计算机的正向物流与回收物流问题[94]。Mutha 认为原始设备制造商在构建物流回收网络时至为关键，需要对产品采取回收、处理、再利用、再循环等处理方式，最大限度地实现废旧产品的价值[95]。Dehghanian 构建逆向物流网络模型时，在保证经济、社会效益最大化的同时实现对环境的负面影响最小化[96]。Qin 构建了不确定场景下的回收物流网络优化模型，并用混合智能算法计算[97]。

国内学者对废旧产品物流分销网络优化设计的研究主要集中在对逆向物流分销网络的设计。马祖军等学者研究了废旧、不合格产品的逆向物流分销网络优化问题，并用 Bender 分解算法求解[98]。代颖研究了基于多周期的车辆路径和库存控制的逆向物流网络优化问题，运用两阶段启发式算法进行求解[99]。赵宜则将分支定界法融入遗传算法中，来求解回收物流网络的选址模型[100]。此外，何波、高阳等学者研究了由第三方物流企业主导构建的逆向物流网络[101,102]。马祖军等通过构建再制造物流网络来研究废旧产品回收问题。此外，充分考虑产品回收量和再生品需求量的不确定性，又研究了具有单周期的再制造物流网络的稳健性优化问题[103～105]。毛海军认为废旧品的回收量及可利用率、再生品需求量具有随机性，通过构建不确定环境下的随机机会约束规划模型来解决问题[106]。

1.2.4 零售商调货研究现状

调货是指为了降低存货商的库存剩余风险以及缺货商的缺货风险，库存充足的零售商将一部分库存转移给缺货零售商的合作行为。经典横向调货研究一般认为零售商之间是同质的，即各零售商通过采购联盟统一协调，实现联合采购，享受供应商所提供的数量折扣等协调契约策略。例如，各个子公司一般都是经过其母公司统一采购和协调调货来获取总体利益最大化。有关同质零售商之间的调货研究方面，如 Robinson 研究供应链企业之间的横向协调问题，Herer 针对联合补货成本固定的情形提出的协调调货问题[107,108]，都是把零售商看作具有同质性，各零售商经过统一协调从而进行联合采购。然而，实际中采购联盟各成员之间的供给与需求信息不一定会高度共享，因此，零售商之间存在异质性，即各个零售商独立做出决策来进行调货，并非集中决策下的协调调货。如 Rudi 充分考虑到调货成本具有或高或低的变化，通过引入概率研究了具有独立决策的存货商与缺货商之间的调货行为[109]。此外，Dong、Zhang、Soĺic 和 Hu 也针对非集中决策协调调货进行了相关研究[110～114]。

国内学者高秀明针对服装业中经常出现有些零售商处于缺货状态，而另一些零售商则有多余库存的情况，对通过集中、分散两种方式的调货进行了研究[115]。李晓宏通过分析市场信息更新对零售商之间的调货量、调货价格及其期望利润函数之间的关系，从而证明市场信息更新能够有效促进零售商之间的调货行为，规避存货零售商的库存剩余风险，增加缺货零售商的销售利润，并增加供应链的总体收益，此外，协调调货能有效增加零售商的整体利润，联合决策会促进零售商选择接近为获得零售商整体收益最大化的调货量[116,117]。李晓明通过研究产品市场信息更新情形下零售商之间的协调调货行为，证明了调货能够有效增加零售商的销售收入，且存在能够实现合理分配利润的调货价格[118]。孙林辉通过分析大型、小型零售商在产品销售时期的不同特点和各时段通过调货获得的利润函数，从而构建了大型、小型零售商在多阶段情形下的动态协调调货模型，并通过模型计算分析得知：最优调货量及价格均会受到销售信息更新的影响，且大型、小型零售商之间的动态协调调货存在纯纳什均衡[119]。

1.2.5 时间窗研究现状

目前时间窗在物流领域的应用主要集中在车辆路径优化和车辆调度方面。硬时间窗要求配送车辆只能在客户要求的时间范围内服务，提前或超过该时间段客户均不接受服务，即只要满足客户要求的时间，其服务水平为好，客户满意度为 1；否则其服务水平为差，满意度为 0。Philippe、Ho 及 Alexandre 等学者均构建模型及设计相应算法研究了硬时间窗问题[120～122]。刘家利考虑运输企业运输能力有限、其配送中心的处理能力不均衡、车辆租赁及共享等因素，研究了具有时间窗的多配送中心开环 VRP 问题，并采用引入虚拟配送中心来简化问题[123]。王飞用改进的粒子群优化算法解决了带时间窗的车辆调度问题[124]。赵达设计了 C-W 节约法的启发式算法，从而解决了硬时间窗约束下的随机性需求的库存-路径优化问题[125]。刘欣萌设计基于整数编码的多智能体进化算法，解决了单个配送中心带时间窗的车辆路径问题[126]。

随着配送网络中客户数量的增多，硬时间窗由于对时间的严格限制往往会拒绝一部分客户的服务需求，求解方法也常常无法找出可行解。为此，国内外学者提出软时间窗来解决问题，配送车辆可以在客户要求的时间范围之外提供服务，但需要额外支付一定的惩罚费用，即通过加入时间惩罚成本来描述客户满意度降低的这种情形，这样就可以通过对原有问题的时间窗进行松弛从而寻找较为合理的可行解，如 Balakrishnan、George、Calvete 等分别用各种启发式算法对软时间窗问题进行了研究[127～129]。刘芳华通过抽象企业并购行为，精简企业并购操作，通过设计并购算法来解决软时间窗约束下的配送路径优化问题[130]。杨文超研究了客户时间窗变化下的配送车辆调度问题，并提出一种以突发干扰事件后的总体系统扰动最小为目标的干扰管理方法[131]。

然而在实际生活中，客户对服务时间的要求并不完全是硬性的，且软时间窗的惩罚成本也根本不会发生，因此硬时间窗和软时间窗都没有很好地表现出客户对服务时间的偏好。近年来，模糊时间窗通过将客户服务水平进行模糊化处理从而较好地描述了客户对服务时间的偏好，得到了较为广泛的应用。如 Wang 通过运用模糊化理论从而解决了中国邮政路线优化问题[132]。王旭坪用配送服务开始时间的模糊度函数来表示客户服务水平，并设计了具有模糊时间窗的配送车辆调度模型[133]。王征通过设计改进型变邻域搜索算法来求解多车场带时间窗的车辆路径问题[134]。王绍仁针对震后应急物流系统的时效性、道路连通性、需求不定等特点，研究了时间窗约束下的模糊动态设施定位及运输线路设计问题[135]。罗耀波考虑实际配送服务中客户对时间窗存在不同偏好，通过对客户预约时间进行模糊化处理，构建具有模糊时间窗的选址路径优化模型，并构造两阶段模拟退火算法解决问题[136]。

1.2.6 现有文献评述

综上所述，国内外学者关于时效产品配送网络优化设计的研究，从时效产品配送网络所解决的关键问题来看，时尚品主要关注物流分销网络战略层面的设计，易腐品和短周期产品的研究主要关注库存控制问题，高科技产品同时关注选址、分配及库存问题。然而，深入分析现有文献，有以下几点可供完善。

首先，国内外学者对于时效产品的研究比较分散，对时尚品、易腐品以及高科技产品共有的一些特征和归类比较笼统，缺乏清晰的界定和分类研究。本书通过大量文献综述，对时效产品进行界定和分类，并探索时效产品的生命周期变化规律，为后续的研究打下基础。

其次，目前国内外学者对时效产品配送网络的研究缺乏整体性思考和系统设计。大多数文献仅仅单独研究了时效产品的正向分销配送网络或过期、过时产品的逆向物流网络，缺乏全局的视野和系统性的设计思路，且很少考虑运用回收、调货等多种策略来平衡即将过期的时效产品，没有将正向配送、反向回收/再配送、横向调货等有机结合起来。对此，本书构建考虑回收与调货的时效产品双向配送网络系统框架图，该系统包括时效产品配送网络基本问题、机理分析、影响因素分析、策略分析、模型分析、运作流程分析六大部分，该系统能够较为全面地反映出构建时效产品配送网络的系统思路、本书研究重点以及未来研究方向。

此外，大多数有关时效产品配送网络的研究均是把网络各节点看作是实体的设施进行选址分配，而很少考虑到零售商心理、行为等因素，没有将零售商视为有一定时间偏好的决策主体。而事实上，对零售商而言，其关心的不仅仅是成本，还有产品的时效性，且每个零售商都有期望的时间段，在这个时间段获得时效产品，零售商的满意度往往比较高，而一旦超出这个时间段，零售商的满意度就大打折扣。对此，本书引入模糊时间窗来反映有弹性的零售商服务时间偏好，这种方法能够较好地刻画零售商的心理满意度，构建基于模糊时间窗约束的时效产品配送网络优化模型并进行深入研究。

再次，由于时效产品的市场价值具有易逝性等特征，一旦超过保质期限或销售期限，产品的使用价值迅速下降甚至为零，然而目前学者很少将信息更新并引入时效产品配送网络研究中。对此，本书拟引入贝叶斯信息更新对时效产品进行预测，零售商通过观测时效产品生命周期每个时间段的销售量、库存量、退货量等信息，预测时效产品销售末期的产品状态，并在合适的时刻做出产品回收/再配送等决策，从而最大限度避免销售季节结束后，存在大量没有销完的剩余产品的浪费现象。

最后，目前大多数有关调货的研究只解决了零售商之间的调货决策问题，从本质上来讲，这属于个体决策范畴，没有将个体决策与网络整体优化联系起来，而且，个体的最优决策也不一定会导致网络整体的最优。在现实生活中，时效产品配送网络必然是一个同时包含个体决策和整体优化的复杂系统。因此，本书致力于为时效产品个体决策和网络整体优化之间搭建桥梁，运用博弈论将个体最优决策融入时效产品配送网络整体优化中，从而实现个体决策和网络整体优化双赢的目标。

1.3 研究思路及技术路线

通过对国内外大量文献进行阅读、研究、归纳，本书对时效产品进行了界定和分类，探索了时效商品的生命周期及其函数，针对商贸零售业时效商品配送现状及存在的问题，提出了考虑回收与调货的时效性产品双向网络的整体系统框架，深入分析了回收、调货等策略对时效产品配送网络的影响，并分别构建了考虑回收、调货以及多变量决策的时效产品配送网络优化模型，设计相应算法，最后运用算例分析得出相应决策和结论。

从采用的数学方法来看，本书主要应用运筹学中的优化模型、博弈论中的纳什均衡理论以及决策论等理论和方法，分别针对时效药品配送网络中的回收、调货等问题进行模型构建和策略选择等研究。主要的研究内容包括以下两大部分。

第一部分，定性理论研究，对时效产品配送网络进行机理分析以及构建考虑回收与调货的时效产品配送网络的整体系统。

① 本书在国内外学者对时效产品的概念及分类研究基础上，提出了本书对时效产品的概念界定以及分类方式，并提出了易腐品、时尚品、高科技产品等在引入期、成长期、成熟期和衰退期的生命周期变化情况，进而分析了时效产品对零售业配送网络的影响，形成了时效产品配送网络的机理分析。

② 本书从系统思维角度出发，构建了考虑回收与调货的时效产品双向配送网络系统框架图，主要包括时效产品配送网络基本问题、机理分析、影响因素分析、策略分析、模型分析、运作流程分析六大部分。该系统从时效产品研究的基本问题出发，对时效产品配送网络进行机理分析、影响因素分析，从不同视角提出构建时效产品配送网络采取的策略，并针对不同的问题特征和策略特点进行建模分析，设计相应算法，描绘出时效产品整体运作流程。该系统较为全面地反映出构建考虑回收与调货的时效产品配送网络的系统思路、本书研究重点以及未来研究方向，扩展了已有的物流网络优化理论，也为时效产品配送网络进一步深入研究奠定基础。

第二部分，定量分析研究，针对时效产品配送网络不同视角下的问题特征进行优化分析。

传统的配送网络研究涉及不同层面的决策优化，主要包括系统层面的网络构建，中观层面的定价策略、供应链协调，以及操作层面的车辆路径优化等。本书则从不同视角出发，将中观层面的回收、调货等决策以及微观层面的零售商心理、行为等因素融入时效产品配送网络构建中，选取对时效产品而言较为重要的问题进行决策优化，这几个重要视角的问题分别如下。

① 基于模糊时间窗约束的时效产品配送网络优化研究。这是将微观层面的零售商心理、行为等因素融入时效产品配送网络宏观构建中的问题。由于时效产品是一类具有短周期、时间响应强、需求波动大、销售风险大、销售末期产品残值低等特征的产品，对零售商而言，其关心的不仅仅是成本，还有产品的时效性。本书引入模糊时间窗来反映有弹性的零售商服务时间偏好的时间窗，把零售商的满意度定义为时效产品到达时间的模糊隶属度函数，构建基于模糊时间窗约束的时效产品配送网络优化模型，并设计双层规划算法对模型进行求解，这种方法较好地刻画了零售商的心理满意度，从而将心理、行为等新的研究视角运用到时效产品配送网络中，为以后的研究打下良好基础。

② 考虑回收的时效产品双向配送网络研究。这是将中观层面的回收策略融入时效产品配送网络宏观构建中的问题。经济的快速发展以及人们环保意识的提升使得逆向物流得到大力发展。然而，目前国内外学者主要针对废旧产品的逆向物流进行了大量研究，而由于时效产品的短周期、易逝性以及低残值特

点，对废旧时效产品的逆向物流显然意义不大。然而，如果零售商能够在时效产品整个生命周期内对其进行及时准确的需求预测，从而将多余的存货量提前调往配送中心，再由配送中心运送到即将缺货的零售店，那么这将成为平衡供需矛盾、降低时效产品成本和销售风险的一种重要途径。此外，目前市场上的时效产品存在非常普遍的退货现象，且来自客户的无缺陷退货因其具有较高的销售价值成为时效产品回收物流的重要组成部分。因此，本书将贝叶斯信息更新引入时效产品配送网络研究中。由于时效产品的市场价值具有易逝性等特征，一旦超过保质期限或销售期限，产品的使用价值迅速下降甚至为零。因此，本书通过引入贝叶斯信息更新对时效产品进行需求预测，零售商通过观测时效产品生命周期每个时间段的销售量、库存量、退货量等信息，预测时效产品销售末期的产品状态，并在合适的时刻做出选择：停止观测，进行回收/再配送活动，还是选择继续等待，观测并更新信息，从而做出合理的回收中心选择以及产品回收/再配送等决策，这样能最大限度避免销售季节结束后，存在大量没有销完的剩余产品的现象。

③ 考虑调货的时效产品双向配送网络研究。本书将零售商之间的个体博弈决策融入时效产品配送网络的整体构建中。目前大多数有关调货的研究只解决了零售商之间的调货决策问题，从本质上来讲，这属于个体决策范畴，没有将个体决策与网络整体优化联系起来，而且，个体的最优决策不一定会导致整体网络的最优。在现实生活中，考虑调货的时效产品配送网络必然是一个同时包含个体决策和整体优化的复杂系统，因此本书致力于为时效产品个体决策和网络整体优化之间搭建桥梁，一方面，利用博弈论基本理论探究任意两个零售商之间的最优调货量和调货价格；另一方面，将个体最优决策融入时效产品配送网络整体优化设计中，通过不断协调个体决策和网络选址、分配等，解决个体决策和网络整体优化之间的矛盾，从而实现个体决策和网络整体优化双赢的目标。

④ 考虑多变量决策的时效产品配送网络集成优化研究。时效产品配送网络面临的是一个动态变化的复杂环境，真实的供求关系往往是供应和需求不相匹配，从而可能导致在时效产品销售末期出现某些零售商缺货，而另一些零售商有存货的现象。为了最大限度地减少及避免这种供需不平衡的情况出现，本书主要考虑回收策略、调货策略以及多种策略相结合的综合集成策略，针对不同问题以及不同策略的特征分别构建考虑回收的时效产品双层规划模型、考虑调货的博弈决策模型以及时效产品配送网络集成优化模型，并针对不同的模型特征设计了相应的算法和算例来验证，为实践中决策者优化考虑回收与调货的时效产品配送网络提供依据和支持（图 1-1）。

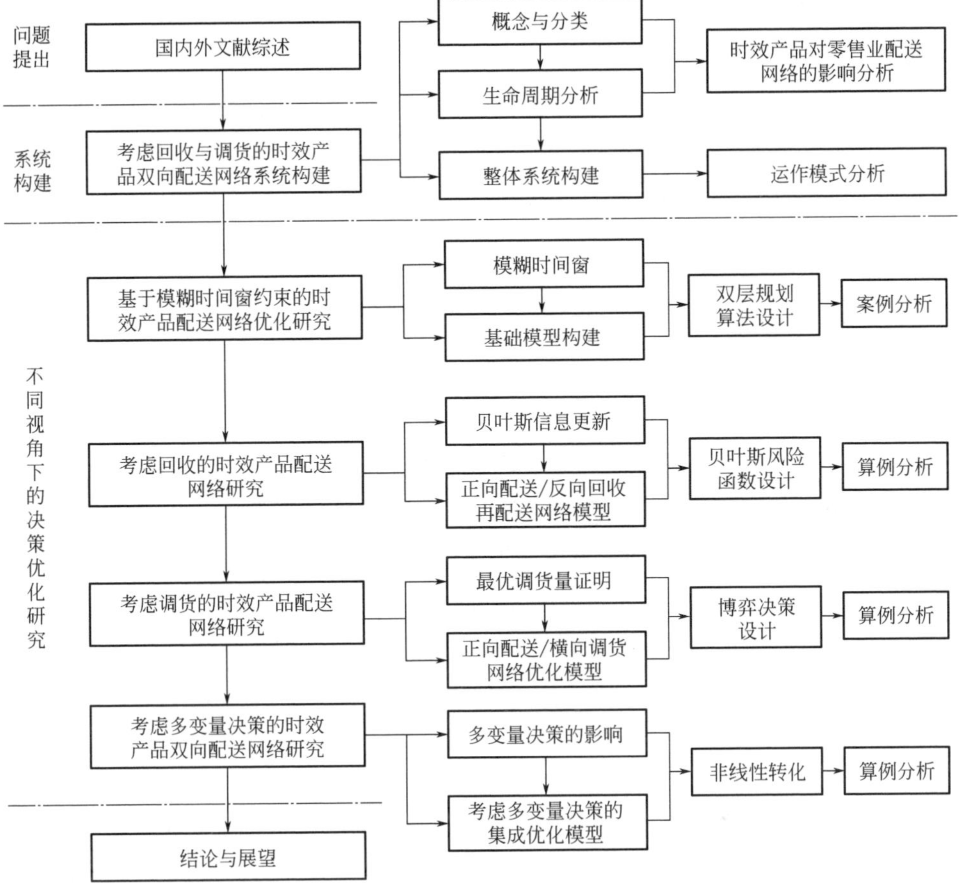

图 1-1　研究思路及技术路线

1.4　本书的创新点

① 本书从系统思维角度出发，构建了考虑回收与调货的时效产品双向配送网络系统框架图，主要包括时效产品配送网络基本问题、机理分析、影响因素分析、策略分析、模型分析、运作流程分析六大部分。该系统从时效产品研究的基本问题出发，对时效产品配送网络进行机理分析、影响因素分析，从不同视角提出构建时效产品配送网络采取的策略，并针对不同的问题特征和策略特点进行建模分析，设计相应算法，描绘出时效产品整体运作流程。该系统较为全面地反映

出构建考虑回收与调货的时效产品配送网络的系统思路、本书研究重点以及未来研究方向，扩展了已有的物流网络优化理论，也为时效产品配送网络进一步深入研究奠定基础。

② 本书采用模糊时间窗来反映有弹性的零售商服务时间偏好的时间窗，将零售商的满意度定义为时效产品到达时间的模糊隶属度函数，并构建基于模糊时间窗约束的时效产品配送网络优化模型，以实现时效产品配送网络的总成本最小化，以及所有零售商的总服务水平最大化两个目标。基于进化博弈和多目标优化思想，设计分层遗传算法进行求解，通过案例分析验证了模型算法的有效性，得到模糊时间窗约束下的时效产品配送网络结构图，分析了权重系数及最低服务水平等因素变化对网络选择及流量分配的影响，并揭示了时效产品配送网络总成本的变化幅度更为明显，在一定程度上增加网络成本能够实现客户满意度的提升。这种方法较好地刻画了零售商的心理满意度，从而将零售商心理、行为等新的研究视角运用到时效产品配送网络中，为以后的研究开阔了视野。

③ 本书通过分析回收的特点及对时效产品配送网络的设计要求，设计了考虑回收的时效产品正向配送和反向回收/再配送的决策结构图，运用贝叶斯信息更新对各个零售商销售末期的时效产品状态、存货量、缺货量等进行预测分析，构建了考虑回收的时效产品双向配送网络优化模型，兼顾成本和效率目标，以实现正向配送、反向回收/再配送在内的网络总成本最小及信息观测的总时间最少，并设计贝叶斯风险函数对模型进行转化求解，最后以算例为例验证模型与算法，得出了时效产品正向配送、反向回收/再配送网络的配送中心（回收中心）选址、流量分配等决策及关键参数的影响。

④ 本书通过分析调货的特点以及对时效产品配送网络的影响，将零售商之间的个体博弈决策融入时效产品配送网络的整体构建中，先利用博弈论证明任意两个零售商之间的最优调货量和调货价格，接着引入罚函数来度量最优调货量与实际调货量的差量，并构建考虑调货的时效产品配送网络优化模型。最后设计算例验证模型，并得出了时效产品正向配送、横向调货网络的配送中心选址及流量分配等决策，从而实现个体决策和网络整体优化双赢的目标。

⑤ 本书通过分析多变量决策对时效产品配送网络的影响，考虑多种策略相结合的综合集成策略，构建时效产品配送网络集成优化模型，针对模型特征设计了非线性变换，最后以算例为例验证模型与方法，得出了时效产品正向配送、反向回收/再配送以及横向调货集成网络的选址及流量分配等决策，以及模型关键参数对各项成本不同程度的影响，为实践中决策者优化考虑回收与调货的时效产品配送网络提供依据和支持。

作为本书的开篇导读，本章给出了时效产品配送网络的研究背景，以及其在理论和实践上的重要意义，总结归纳了国内外学者针对时效产品配送网络、产品回收物流、零售商调货以及时间窗四方面的文献综述，并对现有文献进行评述，进而提出本书的研究思路及技术路线图，重点突出了本书的创新点，为后面章节的研究工作奠定基础。

第 2 章

考虑回收与调货的时效产品双向配送网络系统构建

2.1 时效产品的概念及分类特征
2.2 时效产品的生命周期分析
2.3 时效产品对零售业配送网络的影响分析
2.4 时效产品配送网络构建的原则和内容
2.5 考虑回收与调货的时效产品双向配送网络系统构建
2.6 时效产品双向配送网络运作模式分析

2.1 时效产品的概念及分类特征

目前国内外学者针对时效产品尚未给出较为明确的定义，相似的定义主要是针对易逝品、易变质产品、时令品或季节性产品等，这些概念早些时候主要用来说明蔬菜、水果等农产品不容易被储存，而且一旦变质后几乎无法再进行销售从而获得利润，即其使用价值的消逝表明货币价值的失去。到1992年Weatherford和Bodily在原有基础上扩大了易逝性的应用范畴，并将易逝性产品定义为，易逝性产品有一个销售时间点的限制，如果超过该时间点依然有产品没有销售出去的话，那么这些产品对于这段时间来说就没有了价值[137]。后来，国内学者曹细玉定义易逝品是具有一些明显特征的产品的总称，即生产提前期长、销售时间期短、市场需求不确定性大、销售期结束后产品残值很低，且需要额外处理成本等特征[4]。刘晓峰也认为易逝品具有上述这些特征，这主要是由于产品自身的属性或者消费者的不同心理偏好形成的。日常生活中常见的易逝品包括蔬菜、食品、药品、时装，以及航空、宾馆等多种服务。此外，近年来随着科学技术的飞速发展，电子类、信息类产品也显示出易逝品的特性[138]。尚文芳指出易逝品涵盖了如蔬菜、水果、面包、牛奶等易腐产品，如数码电子及半导体等电子类产品，报纸、期刊、旅游类产品、电影首映票，以及按客户个性化需求定制的特殊零件及产品等[139]。孙静春指出易逝品大量出现在我们的日常生活中，如蔬菜、肉类、海鲜、水果等易变质产品，这类产品的时效性很强，在保存过程中极易出现变质腐坏、功能衰减等情况，因而对这类产品的库存管理极为重要，稍不注意就有可能造成产品过期变质，使企业的利润蒙受较大的损失，也会对其他产品的安全存放造成一定的影响[140]。

此外，关于时效产品的分类，曹细玉依照易逝品产生的原因将其分为以下三种类型：第一类易逝品主要是由于产品自身的物理或化学性质而形成的，比如食品、水果、鲜花、药品等易腐产品；第二类易逝品是随着一些节假日文化、时尚流行氛围或重大事件影响而形成的，比如圣诞节礼物、中秋月饼、时尚服装、新闻时事类报纸、杂志等；第三类易逝品是在科技发展进步的推动以及客户需求丰富多样化背景下形成的，主要包括一些高科技产品，如半导体和数码通信等电子产品等[4]。孟丽君把产品分为易过时产品、易变质产品和其他产品三类。易过时产品主要是因为科学技术的迅猛发展，或者由于其他竞争对手引进新的产品，从而导致已有的产品不能满足市场需求的发展，因失去市场价值造成一定的损失。易变质产品则主要是由于产品自身的一些物理、化学性质造成的，如牛奶、水果等产品会随着时间的消逝出现挥发、变质、腐烂，从而导致这些产品逐渐失去了原有的使用价值[3]。谢小良则指出可将产品分为物理性变质产品和无形性变质产品。物理性变质产品，包括生鲜食品、蔬菜、瓜果、面包、鲜花等易腐物品及一些易挥发、具有放射性的产品等，其在运输、仓储、销售等过程中，会伴随时间流逝出现挥发、干燥、腐烂等现象，其物理性能和使用价值也会显著下降乃至丧失。无形性变质产品主要是由于出现了新的科技、工艺等，或者消费者喜好发生变化，从而导致该类产品的价值伴随时间的消逝逐步下降的情形。如一些节假日礼品、时尚服装类产品、高科技电子类产品以及按照客户特殊需求定制的产品，虽然这些产品的物理性能和使用价值并没有发生变化，但是其市场价值已经在不断地衰减甚至面临退出消费市场的局面[141]。

综上所述，本书将时效产品定义为具有短周期、时间响应强、需求波动大、销售风险大、销售末期产品残值低等特征的一类产品，主要包括时尚品、高科技产品、易腐品等，不包括废旧产品。其中，短周期一方面指产品本身的生命周期短，如蔬菜、水果、牛奶、面包、鲜花等易腐物品等，这类产品一般都有较短的保质期，随着时间的消逝会发生变质、腐坏，因而这类产品的功效将随着时间的消逝迅速下降，产品残值在保质期后丧失为零；另一方面指的是产品的市场周期短，如时尚品、高科技产品等，这类产品随着时间的推移其本身的自然属性并没有发生改变，但是由于其市场周期较短，因而产品价值也会随着时间的流逝不断下降，且在销售期结束后残值很低而退出市场。正因为时效产品具有上述特征，因此，产品的时效性特征迫使企业的决策者应在产品价值下降之前尽可能多的将产品销售出去，否则将造成一定程度甚至是惨重的损失。

按照传统意义上产品本质属性来划分，时效产品可分为时尚品、高科技产品、易腐品等；按照产品销售末期补货方式划分，有些时效产品主要通过回收进行补货，有些产品则主要通过零售商之间的调货进行补货，还有一些时效产品是通过这两种方式同时进行补货，当然也有产品是通过供应商补货的。由于有关供应商补货的文献已经很多，本书主要研究前三种情形下的补货。

2.2 时效产品的生命周期分析

1966 年美国哈佛大学教授雷蒙德·弗农首次提出了产品生命周期理论，

将其定义为产品所拥有的市场寿命，并按照产品进驻市场到最终退出市场的时间顺序，将产品生命周期分为引入期、成长期、成熟期和衰退期[142]。一般而言，引入期的产品销售量较低，所获利润较少甚至为负数；随着时间推移，产品逐渐得到消费者的认可，进入成长期的产品销量增长较快，利润也有明显增长；当产品到达成熟期时，市场需求较为稳定，产品销售情况变化平稳，呈现出缓慢增长的趋势，产品销售利润也将达到峰值后有所下降；而到了衰退期，产品的销售量明显下降，利润也有较大程度的减少，直至该产品最终退出市场为止，如图 2-1 所示。但这只是一般性产品的生命周期情况，对于时效产品而言，在产品生命周期基础上，有些学者对易腐品、时尚品、高科技产品的生命周期进行了研究[143～147]。

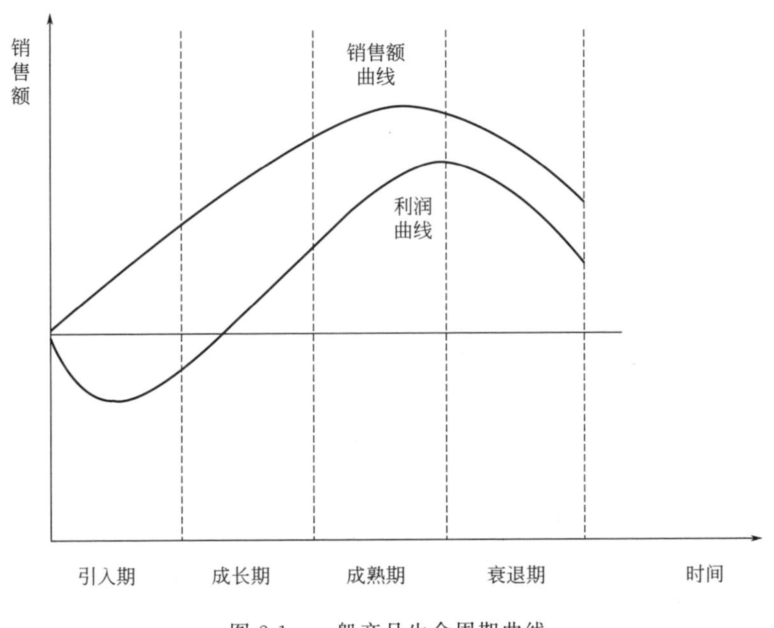

图 2-1　一般产品生命周期曲线

易腐品如蔬菜、水果、海鲜、肉类等，由于这类产品自身的物理性质很容易随着时间的推移变质、腐坏，而且变质、腐坏后的产品残值很低甚至为零，因而易腐品的生命周期主要取决于产品本身的变质程度。由于易腐品通常为人们日常生活必需，所以其在生命周期的引入期、成长期、成熟期的销售量较为稳定，利润波动不大，然而，一旦到了衰退期，易腐品的市场价值会随着产品的变质状况快速衰减。此时易腐品零售企业一般会采取横向调货、打折促销等手段清空库存、平衡需求，降低易腐品卖不出去的销售风险，并增加缺货商的销售利润。易腐品全生命周期曲线如图 2-2 所示。

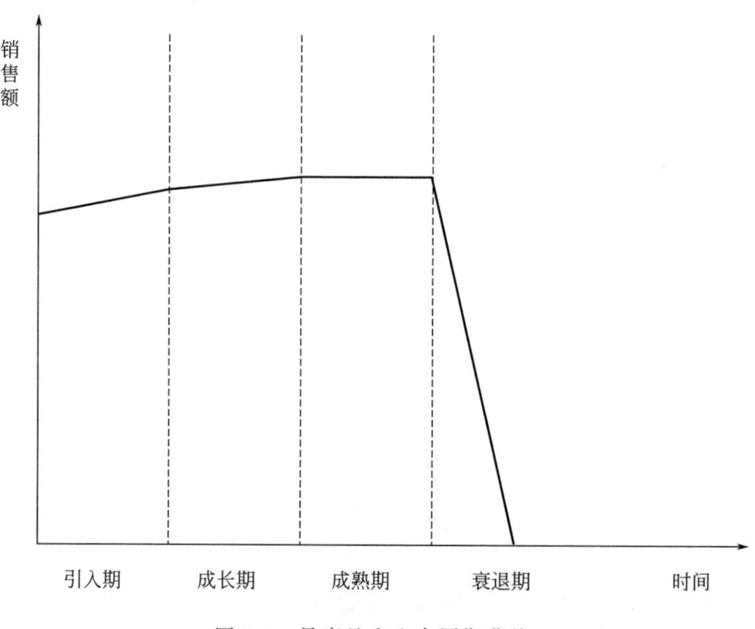

图 2-2　易腐品全生命周期曲线

时尚品是指如服装、鞋、箱包等产品，一般而言，时尚品的物理性质较为稳定，不易发生变化，但消费者对时尚品的需求却呈现出个性化、多样化的特征。时尚品的生命周期通常是由季节、当前流行趋势、市场态势、行业竞争等诸多因素所决定的。一般来说，时尚品的引入期较短，成长期的销售量增加明显，但销售量稳步增长后迅速进入衰退期，此时时尚品零售企业一般会采取横向调货、反向回收、打折促销等手段清空库存、平衡需求，最大限度降低存货商的销售风险，以及缺货商的缺货风险，并增加销售利润。时尚品生命周期曲线如图 2-3 所示。

高科技产品如我们常见的手机、数码相机、计算机等，这些产品的价值一般都较高，市场上普遍存在新产品与旧产品同时销售的情形，因而高科技产品的生命周期主要是由产品更新换代的速度所决定的。高科技产品的引入期也较短，成长期的销售量快速增加，在进入成熟期后，随着新一代产品的引进，消费者的喜好发生了偏移，当前一代的高科技产品会在很短的时间内退出市场，新一代产品又将开启一个新的生命周期。此时高科技产品零售企业一般会采取横向调货、反向回收、打折促销等手段清空原有产品库存、平衡需求，最大限度降低零售商的销售风险，并增加销售利润。高科技产品生命周期曲线如图 2-4 所示。

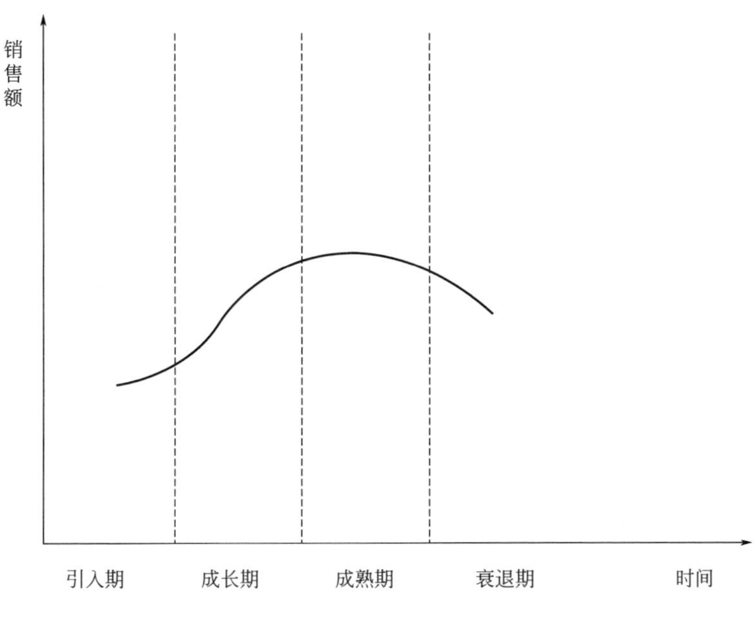

图 2-3　时尚品生命周期曲线

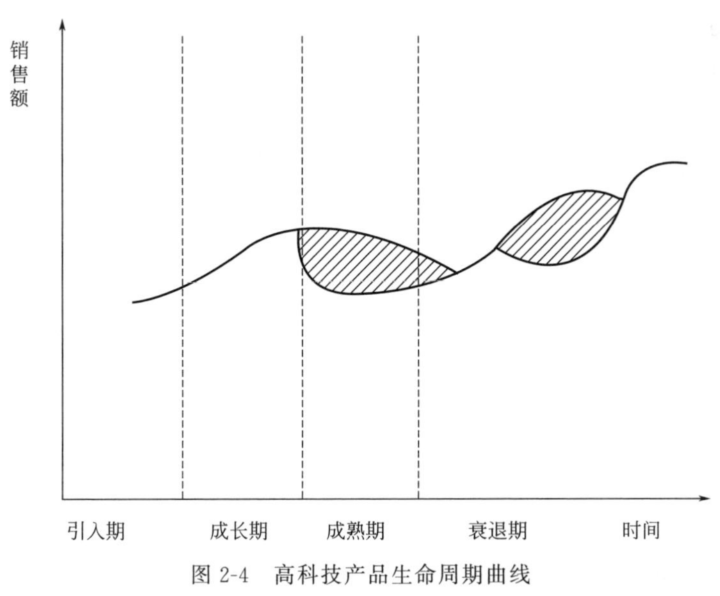

图 2-4　高科技产品生命周期曲线

2.3 时效产品对零售业配送网络的影响分析

时效产品的生命周期较短，因而对物流配送的时效性要求会非常高。同时，某些顾客所退回的时效产品所处生命周期阶段并不相同，产品过期风险不同，导致零售商对要求退回的时效产品进行快速回收及再配送的迫切程度有所不同。此外，零售商通常根据自身实际情况，为了节省人力资源和节约库存成本，或提高对自身生产经营过程的可控性，会要求配送中心在规定的时间内对其开始进行服务。基于以上考虑，用时间窗约束来反映这种迫切程度、时效性要求和零售商自身对服务时间的要求，将时间窗约束融入时效产品配送网络研究中，要求配送中心在指定时间段内向零售商配送产品，并把存货零售商预计多余的产品提前回收到配送中心，再配送给预计缺货的零售商等，这样能够较好地反映时效产品对连锁零售业配送网络的影响。

2.4 时效产品配送网络构建的原则和内容

在早期时候，生产环节在人们的日常生产中占主导地位，而流通环节并没有得到应有的重视和关注。到了 20 世纪 60 年代末，流通领域被作为“第三利润源”“黑色大陆”等提出来之后，得到了实践领域和学术领域前所未有的关注，有关物流配送网络的探索也引起诸多学者的广泛兴趣[148～150]。

针对配送网络结构的研究，国外学者有的研究配送过程中的组织结构问题，而有的研究配送网络中物流实体设施的集合。如 Geoffrion 将配送系统简化为工厂、配送中心、消费地组成的系统，深入研究了物流配送中心枢纽选址和流量分配问题[151～154]，之后又提出包括工厂、中心仓库、地区仓库以及消费地的典型的物流配送网络[155]。Brown 则提出面包配送网络结构由一级生产厂、二级生产厂、面包零售店以及客户所组成[156]。Chopra 认为物流配送网络是产品从供应地到需求地的实体设施的集合[157]。而 Mourits 指出物流配送网络不仅仅是包括从供应地到需求地的实体设施，还应该包括贯穿其中的信息流[158]。

在构建配送网络需考虑的影响因素方面，Geoffrion 指出影响物流配送网络整体效率的因素包括市场需求的变化、运输成本的改变、厂家的生产能力限制、竞争对手的策略等[159]。Chopra认为配送网络成本与配送服务水平之间存在此消彼长的关系，在构建网络时需要考虑物品多样化、可得性、可回收利用、客户服务水平、提前期控制等诸多因素[160]。Ballou认为客户需求的变化，产品数量、形态等特征，以及公司战略组织结构三方面是影响物流配送网络设计的主要因素[161]。Shu认为构建配送网络主要应考虑配送中心选址、车辆路径优化以及产品库存控制等问题[162]。

在针对配送网络结构的研究方面，Deldiane认为物流配送网络包括将产品直接从生产地运至消费地的单阶段配送网络，也包括产品从工厂出发，途径仓库或配送中心从而运至消费地的两阶段配送网络，以及包括途径多个仓库或多个配送中心的多阶段配送网络[163]。对于客户需求波动大、创新型产品来讲，适合采用单阶段网络结构，而对于客户需求平稳、处于销售成熟期的产品来说，易采用多阶段物流配送网络[164,165]。Kengpol根据物流配送网络所属权，将其分为生产商自建、第三方物流公司外包以及联合经营三种形式[166,167]。此外，根据节点之间的连接方式将其分为点对点网络、轴辐式网络以及混合轴辐式网络三种模式，而与传统的点对点网络结构相比，轴辐式网络简化了网络结构，减少了网络成本，对货物的集中处理和分类使货物的运输实现了规模经济。轴辐式网络简化了网络结构，减少了网络成本，对货物的集中处理和分类使货物的运输实现了规模经济[168,169]。国外学者分别针对单分配、多分配轴辐式网络问题进行了研究，还有学者同时针对这两种指派方式进行了研究[170～172]。另外，考虑到是否有容量约束，学者分别针对枢纽点容量以及节点间流量限制的轴辐式网络问题进行了研究[173,174]。

此外，考虑到日常生活中出现的产品回收、退货等现象，Balinski在原有的网络结构基础上考虑了产品正向流和逆向流动，从而提出了融合这两种方式的网络结构[175]。Sahyouni指出在构建物流网络时，一种情形是设立同时兼有正向配送和反向回收功能的实体设施；另一种情形是在设计产品正向配送网络时候就考虑到反向流动的情况，并提出正向主导、逆向主导以及共同联合型三种类型网络[176]。

国内学者针对配送网络的定义及结构也进行了相关研究。如马士华认为配送网络是将产品从生产者手中转移到客户手中的一种功能性网络[177]。李飞则指出配送涉及产品所有权的转移，即从生产厂家转移到客户手中[178]。张长星等认为配送网络是从生产领域到流通领域中产品所有权的转移过程[179～181]。在影响配送网络构建的因素方面，唐凯认为产品数量、价格、种类、枢纽建设成本、配送、仓储成本以及提前期、周转量、客户满意度等都会影响网络的构建[182]。

在针对配送网络结构方面，国内学者一般将其分为单层和多层物流配送网络[183]。张敏认为物流配送网络分为分布式库存模式和联合式库存模式下的物流配送网络，前者指厂家分别在各需求趋于建立配送中心，后者指厂家在备选的配送中心中选择来对各需求进行配货，而需求地不必建设仓库[184]。近年来，国内学者也对轴辐式网络结构进行了研究，主要集中在公路货运系统、海运网络、民用航空等诸多物流领域[185～188]。

由综上所述，国外学者主要从配送阶段、所有权归属、运作方式、正逆向配送方式等多个视角对物流配送网络结构进行分类和深入研究，而国内学者开始逐渐关注产品的特征，如针对易腐品构建合理的配送网络结构。

2.5 考虑回收与调货的时效产品双向配送网络系统构建

本书从系统思维角度出发，构建了考虑回收与调货的时效产品双向配送网络系统框架图，主要包括时效产品配送网络基本问题、机理分析、影响因素分析、策略分析、模型分析、运作流程分析这六大部分。时效产品配送网络基本问题是在总结归纳已有文献并结合本书研究主题基础上确定的，目前针对时效产品的研究主要包括时效产品的网络设计、车辆路径优化、运输与库存优化以及供应链协调问题等。时效产品配送网络机理分析方面，在已有学者对时效产品的概念及分类研究基础上，提出了本书对时效产品的概念界定以及分类方式，并提出了易腐品、时尚品、高科技产品等在引入期、成长期、成熟期和衰退期的生命周期函数，进而分析了时效产品对普通配送网络的影响。在影响时效产品配送网络的诸多因素中，本书认为时效产品配送网络要解决的核心问题是供求平衡问题和网络优化问题，不同的问题特征需要用不同视角下的指标来度量和计算。供求平衡问题需要决策者在快速满足客户需求的时效性、降低网络总成本及提高服务水平等方面寻求平衡，网络优化问题需要考虑建设成本、运输成本、服务水平等因素，以后随着研究的深入还可以考虑安全、绿色等因素。

在现实生活中，由于消费者的需求偏好差异、供应商供应能力的强弱、竞争者竞争能力的差异等诸多原因，时效产品配送网络面临的是一个动态变化的复杂环境，真实的供求关系往往是供应和需求不相匹配，从而可能导致在时效产品销售末期出现某些零售商缺货，而另一些零售商有存货的现象。为了最大限度地减少及避免这种供需不平衡的情况出现，决策者往往会采取一些措施或手段，如采取价格手段来动态调整时效产品销售价格从而促进销售量的增加，尽可能减少存货零售商的期末库存，这在已有文献中已有大量研究。本书主要考虑回收策略、调货策略以及多种策略相结合的综合集成策略，回收策略主要指存货商通过预测把即将过剩的产品以及消费者退货的完好产品先回收到配送中心，再由配送中心将合适数量的产品运至缺货零售商；调货策略则主要通过存货商和缺货商之间的协调调货，运用博弈论来计算确定最优调货量，从而将个体最优决策融入整体网络优化中；集成策略则是综合考虑正向配送、反向回收、横向调货等多种因素，从而最大限度实现时效产品的供求平衡。针对不同问题以及不同策略的特征分别构建考虑回收的时效产品双层规划模型、考虑调货的博弈决策模型以及时效产品配送网络集成优化模型。接着，针对不同的模型特征设计了不同的算法来验证，比如考虑到零售商对时间的不同偏好心理，用模糊时间窗来描述零售商的满意度；基于多目标进化思想，设计分层遗传算法来求解双层规划模型；考虑存货商和缺货商的不同利益，运用博弈论验证其协调调货的最优调货量及调货价格；考虑到模型中涉及的非线性情景，通过一系列变量变换从而将非线性模型转化为线性模型。而时效产品运作流程分析是时效产品实际运作的流程，也是本书的写作思路，从时效产品的订购，销售量、库存量的记录，到利用贝叶斯信息更新对时效产品期进行销售末期的需求预测，从而确定存货商与缺货商，并采用回收策略、调货策略以及综合集成策略来平衡存货商、缺货商之间的供求关系，从而降低存货商的大量库存剩余风险和缺货商的缺货损失成本，详见2.6“时效产品双向配送网络运作模式分析”。

综合上述理论研究和模型算法验证，本书从考虑回收与调货的时效产品双向配送网络系统中提取了重要的内容详细研究，包括考虑回收的时效产品双向配送网络优化、考虑调货的时效产品双向配送网络优化、时效产品集成配送网络优化研究等，未来还将深入研究时效产品配送网络在安全、绿色环保等方面的应用，并将客户关系管理、供应链协调等诸多策略融入时效产品配送网络研究中来，不断完善时效产品配送网络的整体系统构建（图2-5）。

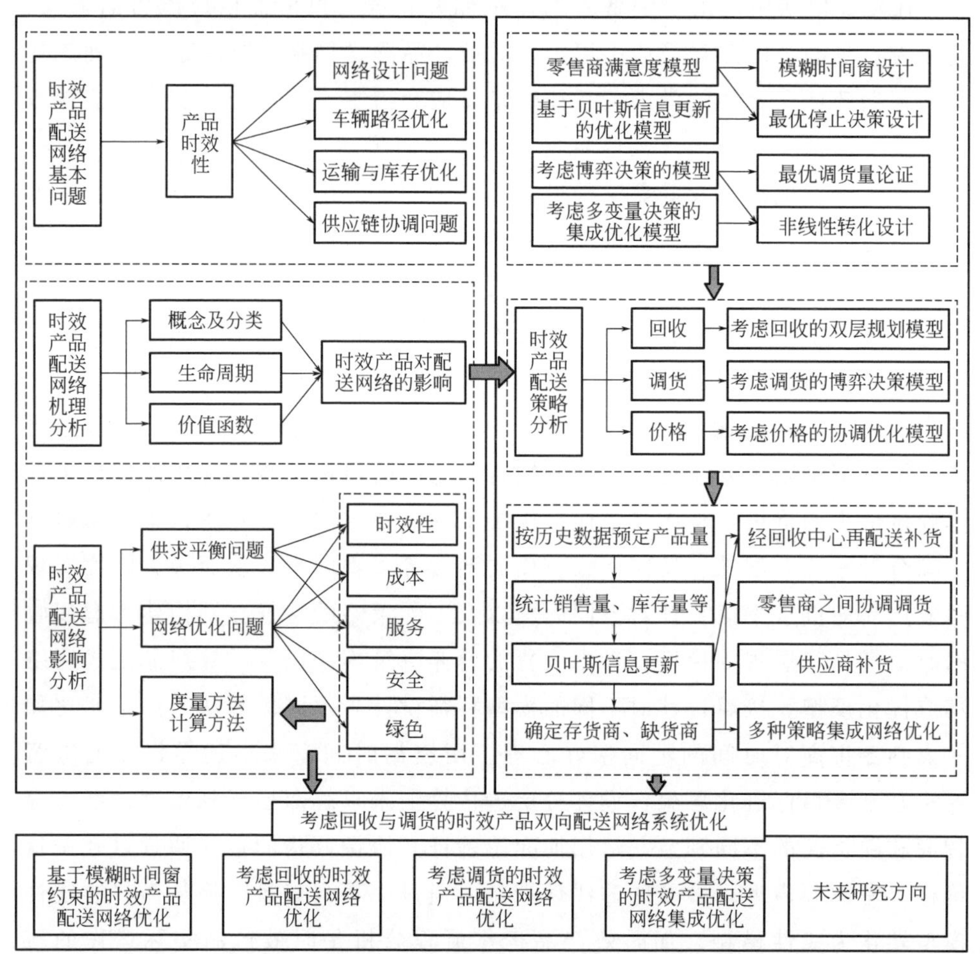

图 2-5　考虑回收与调货的时效产品双向配送网络整体系统框架

2.6　时效产品双向配送网络运作模式分析

本书构建的时效产品配送网络运作流程一共包括补货、配送、回收、调货四个环节。具体流程为，当产品生产后，由供应商将产品运送到所选择的配送中心，再由配送中心将产品运送到各个零售商。在销售期内，产品按照一定的规律销售，在销售末期，零售商需要预测产品的销量和需求量，这时出现缺货与存货的企业。有两种解决方法，一种是零售商之间调货；另一种是先把多余产品回收到配送中心，接着从 DC（配送中心）中再次配送到缺货的零售商，整个调货过程需在产品生命周期内完成。

由于时效产品是一类具有短周期、时间响应强、需求波动大、销售风险大、销售末期产品残值低等特征的产品，因而对零售商而言，其关心的不仅仅有成本，还有产品的时效性。本书考虑了将零售商心理、行为等因素融入时效产品配送网络优化研究中。此处的零售商不应该简单地看作是零售店运营商，而是有一定时间偏好的决策主体。一般来说，每个零售商都有一个期望的时间点或时间段，在这个时间点或时间段获得时效产品，零售商的满意度往往比较高，而一旦超出这个时间段，零售商的满意度就大打折扣。在这种情形下，许多学者会放松时间约束，通过硬约束或软约束窗来进行分析，硬约束认为只要满足客户要求的时间，其服务水平为好，客户满意度为1，否则其服务水平为差，满意度为0；而软约束则通过加入时间惩罚成本来描述满意度降低的这种情形。但实际生活中零售商对服务时间的要求并不完全是刚性的，且时间惩罚成本实际上也不会发生，因此，客户满意度，即服务水平需要用新的方式来反映和衡量。本书引入模糊时间窗来反映有弹性的零售商服务时间偏好的时间窗，将其表示为关于时间的凸模糊数，采用服务时间窗模糊化处理方法来刻画零售商的实际要求，并把零售商的满意度定义为时效产品到达时间的模糊隶属度函数。

本书考虑了时效产品的生命周期，由引入期、成长期、成熟期、衰退期所组成。在不同的生命周期，客户对时效产品的需求不同。通常我们可以将时效产品随时间变化的销售量情况抽象为反映快速时尚品从进入市场到退出市场的产品生命周期变化曲线。在时效产品引入期，价格通常保持不变，快速时尚品的销售量通常表现为两种极端的状况，一种是销售量保持在高位水平，呈迅速增长到迅速下降的趋势；另一种是销售量一直处于较低的水平。在成长期，快速时尚品逐渐得到消费者的认可，销量增长较快，利润有明显增长。在成熟期，快速时尚品的销售量保持平稳，价格的折扣会引起销售量的增加。在衰退期，快速时尚品的销售量迅速减少，价格折扣会引起销售量小幅的增加，随之退出市场。

由于时效产品的市场价值具有易逝性等特征，一旦超过保质期限或销售期限，产品的使用价值迅速下降甚至为零，如易腐产品超过保质期，其价值瞬间降为零，而时尚品和高科技产品到了销售期末即使使用价值犹在，但市场价值随着时间的流逝快速衰减。因此，零售商有必要在时效产品的销售过程中，对其进行需求预测，从而提前确定销售末期各零售店处于存货或缺货状态，为日后的回收或调货等决策做准备。本书考虑将贝叶斯信息更新引入时效产品配送网络研究中来，把整个决策过程分为两个阶段，第一阶段是正向配送阶段；第二阶段是反向回收/再配送阶段，并将第二阶段分成几个时间段。零售商通过观测时效产品生命周期每个时间段的销售量、库存量、退货量等信息，预测时效产品销售末期的产品状态，并在合适的时刻做出选择：停止观测，进行回收/再配送活动，还是选择继续等待，观测并更新信息，从而做出合理的回收中心选择以及产品回收/再配送等决策。此处回收的产品包括预测生命周期末不可能销售完的产品，以及由消费者引发的无缺陷退货（图 2-6）。总之，是完好的产品，可以直接回收到配送中心后再经重新配送后可以销售，这样能最大限度避免销售季节结束后，存在大量没有销完的剩余产品的现象。

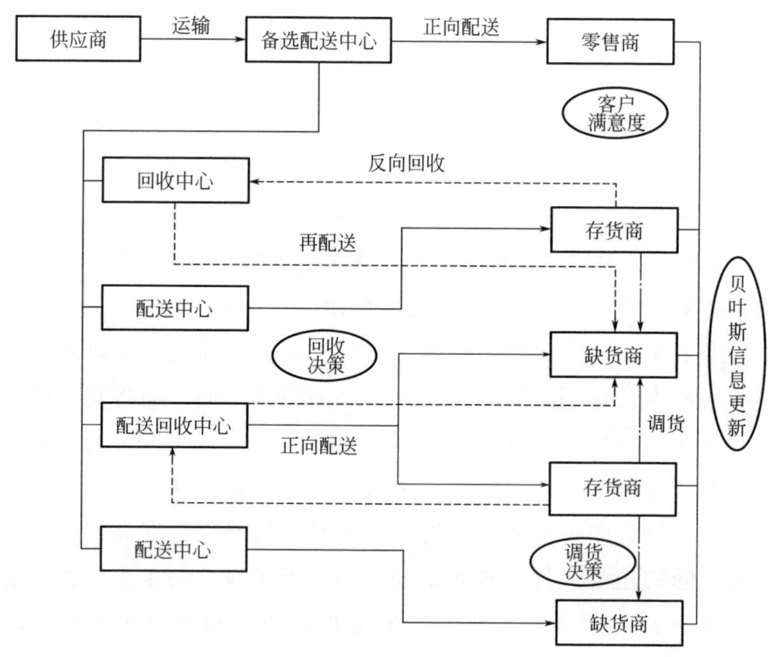

图 2-6　考虑回收与调货的时效产品双向配送网络运作模式图

对于任何产品来说，最理想的供求关系就是供应和需求相匹配。然而在现实生活中，零售商面对的是一个动态变化的复杂环境，这种复杂性包括来自消费者的喜好等多种心理因素，从而导致需求不确定性增强，也包括来自供应商的不确定性，同时也包括周围环境的不确定性，如竞争对手等情况。因此，真实的供求关系往往是供应和需求不相匹配，从而导致在产品销售末期出现某些零售商缺货，而另一些零售商有存货的现象，这种现象在一般产品中普遍存在，而对时效产品而言尤为如此。在这种情形下，调货是一种既可以降低存货量又可以降低缺货情形的好方法，因而能够节约成本和改进服务水平。调货模式特别适合供应商距离零售商较远的情形。

目前大多数有关调货的研究只解决了两个或多个零售商之间的调货决策问题，从本质上来讲，这属于个体决策范畴，没有将个体决策与网络整体优化联系起来，而且，个体的最优决策也不一定会导致整体网络的最优。在现实生活中，考虑调货的时效产品配送网络必然是一个同时包含个体决策和整体优化的复杂系统。因此，本书致力于为时效产品个体决策和网络整体优化之间搭建桥梁，一方面，利用博弈论基本理论探究任意两个零售商之间的最优调货量和调货价格；另一方面，将个体最优决策融入时效产品配送网络整体优化设计中，通过不断协调个体决策和网络选址、分配等优化，解决个体决策和网络整体优化之间的矛盾，从而实现个体决策和网络整体优化双赢的目标。

本章通过对文献的梳理，提出了本书对时效产品的概念界定以及分类方式，并分析了易腐品、时尚品、高科技产品等的生命周期变化规律，进而分析了时效产品对零售业配送网络的影响。在此基础上，梳理了时效配送网络构建的原则和内容，从系统思维角度出发，构建了考虑回收与调货的时效产品双向配送网络系统框架图，包括时效产品配送网络基本问题、机理分析、影响因素分析、策略分析、模型分析、运作流程分析六大部分，进而提出了时效产品双向网络运作模式，为本书及未来的研究提供了建设性的整体框架和研究思路。

第3章 基于模糊时间窗约束的时效产品配送网络优化研究

3.1 问题描述

3.2 模糊时间窗

3.3 数学模型

3.4 分层遗传算法设计

3.5 案例分析

3.1 问题描述

本章内容是本书研究的基础和前提，研究的是基于模糊时间窗约束的时效产品配送网络优化问题，配送中心有容量限制，且零售商与配送中心之间的关系为单分配。如图 3-1 所示，参与主体包括一个供应商、多个备选的配送中心、多个零售商，每个零售商对时效产品到达的期望时间与容忍时间均不相同，且每个零售商对时效产品的需求只能由一个配送中心来满足。该问题的目标是最小化整个配送网络总成本，包括 DC 建设成本、配送成本、运营成本、时间成本等。所做的决策包括：新建 DC 的数量及位置；DC-retailer（零售商）的分配关系。

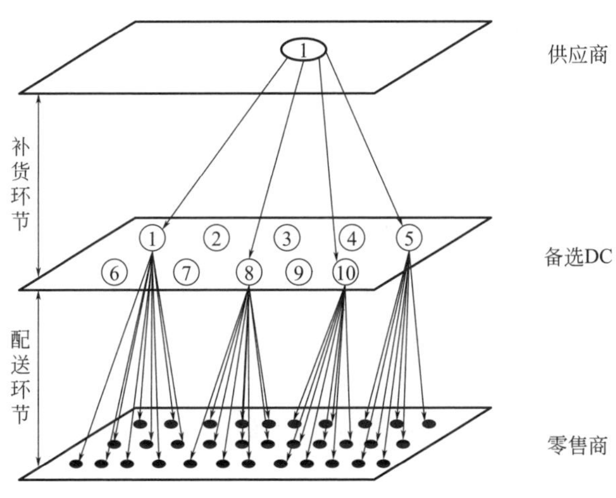

图 3-1 传统模式下的时效产品物流分销网络结构

3.2 模糊时间窗

对时效产品而言，人们关心的不仅仅是成本，还有产品的时效性。一般来说，人们都有一个期望的时间点或时间段，在这个时间点或时间段获得产品，人们的满意度往往比较高，而一旦超出这个时间段，人们的满意度就大打折扣。在这种情形下，多数学者会放松时间约束，通过硬约束或软约束窗来进行分析，硬约束认为只要满足客户要求的时间，其服务水平为好，客户满意度为 1，否则其服务水平为差，满意度为 0；而软约束则通过加入时间惩罚成本来描述满意度降低的这种情形。而实际上，生活中客户对服务时间的要求并不完全是刚性的，且时间惩罚成本也根本不会发生，因此，客户满意度，即服务水平需要用新的方式来反映和衡量。

模糊时间窗正是这种反映顾客弹性的预约服务时间偏好的时间窗，它可以表示为关于时间的凸模糊数，本书采用服务时间窗模糊化处理方法来刻画顾客的实际要求，并把顾客的满意度定义为其服务开始时间的模糊隶属度函数，本书用模糊时间窗 $[RET_{ij}, EET_{ij}, ELT_{ij}, RLT_{ij}]$ 来描述这一情形，如式（3-1）所示。

$$G_{ij}(T_{ij})=\begin{cases}(T_{ij}-RET_{ij})/(EET_{ij}-RET_{ij}) & T_{ij}\in[RET_{ij}, EET_{ij}) \\ 100\% & T_{ij}\in[EET_{ij}, ELT_{ij}] \\ (RLT_{ij}-T_{ij})/(RLT_{ij}-ELT_{ij}) & T_{ij}\in(ELT_{ij}, RLT_{ij}] \\ 0 & T_{ij}\notin[RET_{ij}, RLT_{ij}]\end{cases} \tag{3-1}$$

式中，T_{ij} 表示时效产品从供应商出发经配送中心 j 到达零售商 i 所需的时间；$G_{ij}(T_{ij})$ 表示零售商 i 的满意度，也即客户服务水平；$[EET_{ij}, ELT_{ij}]$ 表示零售商 i 对时效产品经由配送中心 j 送达的期望时间窗约束，其中 EET_{ij}、ELT_{ij} 分别表示期望时间的上下限；$[RET_{ij}, RLT_{ij}]$ 表示零售商 i 对时效产品经由配送中心 j 送达的可容忍时间窗约束，其中 RET_{ij}、RLT_{ij} 分别为容忍时间的上下限。

当时效产品到达的时间在零售商的期望范围内，零售商的满意度最大为100%；而当时效产品提前或推迟到达零售店时，都会降低零售商的满意度，且这种满意度会随产品达到时间和期望时间之间差距的增大而降低。如果时效产品到达零售店的时间在零售商的期望范围之外，即超出了零售商可容忍的范围之外，那么零售商的满意度瞬间降为0。

一般而言，存在零售商最低服务水平 δ_i，即零售商最低满意度。在实际运作中，为了满足零售商满意度，需要令 $G_{ij}(T_{ij})\geqslant\delta_i$，令 $f(x_i)=(x_i-RET_{ij})/(EET_{ij}-RET_{ij})$，$g(x_i)=(RLT_{ij}-x_i)/(RLT_{ij}-ELT_{ij})$，$x_i$ 表示对零售商 i 的服务时间。在满足零售商最低满意度的情况下，时效产品到达零售店的时间为 $[inf(\delta_i), sup(\delta_i)]$，其中

$$inf(\delta_i)=f^{-1}(\delta_i)=\delta_i EET_{ij}-(\delta_i-1)RET_{ij} \tag{3-2}$$

$$sup(\delta_i)=g^{-1}(\delta_i)=\delta_i ELT_{ij}-(\delta_i-1)RLT_{ij} \tag{3-3}$$

由模糊集 A 的 δ_i 水平截集定义可知，满足最低服务水平 δ_i 限制的各条路径上客户服务时间窗为原模糊时间窗的一个截集，$inf(\delta_i)$ 表示可以接受的时效产品达到的最早时间，$sup(\delta_i)$ 表示可以接受的时效产品达到的最迟时间，模糊时间窗与 δ_i 水平截集如图 3-2 所示。

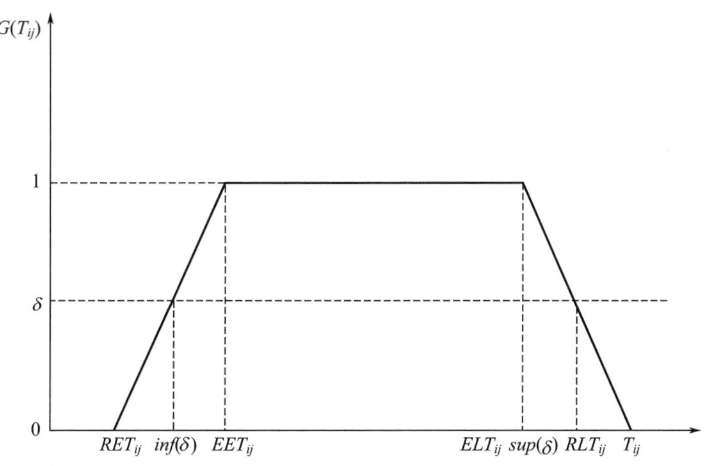

图 3-2　模糊时间窗与 δ_i 水平截集

3.3 数学模型

3.3.1 模型假设

为了便于模型建立，做如下假设。

① 考虑某种时效产品，且处于同一生产批次，通过零售店进行销售。

② 零售商供应的产品可以满足客户的需求。

3.3.2 符号说明

（1）集合

I	零售商数量
J	备选的配送中心数量
E	配送中心的容量能级

T 周期天数

(2) 参数

u_{it} 零售商对时效产品的日需求量

$Q_i = \sum_{t=1}^{T} u_{it}$ 零售商在整个市场周期的总订货量

F_j^e 在 j 处建设能级为 e 的配送中心的固定成本

T_j^e 在 j 处建设能级为 e 的配送中心的容量

$O_{jt} = \sum_{i=1}^{I} u_{it}$ 每天经过配送中心 j 处理的产品总量

d_1 配送中心 j 每天处理单位时效产品的运营成本

$D_j = O_j = \sum_{i=1}^{I} \sum_{t=1}^{T} u_{it} y_{ij}$ 从供应商运到配送中心的产品运输量，即每个配送中心处理产品量

$D_{ij} = u_{it}$ 从配送中心运到零售商的产品运输量

l_j 从供应商到配送中心 j 的距离

l_{ij} 从配送中心 j 到零售商 i 的距离

c_1 从供应商到配送中心的单位产品单位距离的运输成本

c_2 从配送中心到零售商的单位产品单位距离的运输成本

T_j 时效产品从供应商运到配送中心 j 所需的时间

T_{ij} 时效产品从供应商出发经配送中心 j 到达零售商 i 所需的时间

$[EET_{ij}, ELT_{ij}]$ 零售商 i 的期望时间窗约束

$[RET_{ij}, RLT_{ij}]$ 零售商 i 可容忍的时间窗约束

$G_{ij}(T_{ij})$ 时效产品从供应商出发经配送中心 j 到达零售商 i 的服务水平

δ_i 零售商最低的服务水平

λ 总成本 f_1 的权重系数

θ 总服务水平 f_2 的权重系数

(3) 决策变量

x_j^e 0-1 变量，如果在备选配送中心 j 处建立能级为 e 的枢纽则为 1，否则为 0

y_{ij}	0-1 变量，如果零售商 i 分配给所选的配送中心则为 1，否则为 0
y_{jj}	0-1 变量，如果备选配送中心 j 被选为枢纽点则为 1，否则为 0

3.3.3 模型构建

本小节构建的基于模糊时间窗约束的时效产品配送网络优化模型要实现两个目标，一个目标是构建时效产品配送网络的总成本（建设成本、运营成本及运输成本）最小化；另一个目标是使所有零售商的总服务水平（满意度）最大化。

$$\min f_1 = \sum_{j=1}^{J}\sum_{e=1}^{E} F_j^e x_j^e + \sum_{j=1}^{J}\sum_{t=1}^{T} d_1 O_{jt} y_{ij} + \sum_{j=1}^{J}\sum_{t=1}^{T} c_1 \left(\sum_{i=1}^{I} u_{it} y_{ij}\right) l_j + \sum_{j=1}^{J}\sum_{t=1}^{T} c_2 u_{it} y_{ij} l_{ij} \tag{3-4}$$

$$\max f_2 = \sum_{i=1}^{I}\sum_{j=1}^{J} G_{ij}(T_{ij}) y_{ij} \tag{3-5}$$

式中，$\sum_{j=1}^{J}\sum_{e=1}^{E} F_j^e x_j^e$ 表示建设配送中心的总建设成本；$\sum_{j=1}^{J}\sum_{t=1}^{T} d_1 O_{jt} y_{ij}$ 表示所有配送中心每天处理产品的总运营成本；$\sum_{j=1}^{J}\sum_{t=1}^{T} c_1 \left(\sum_{i=1}^{I} u_{it} y_{ij}\right) l_j$ 表示从供应商到配送中心的总运输成本；$\sum_{j=1}^{J}\sum_{t=1}^{T} c_2 u_{it} y_{ij} l_{ij}$ 表示从配送中心到零售商的总运输成本。

约束条件如下。

$$\sum_{j=1}^{J} y_{ij} = 1, \qquad \forall i \in I \tag{3-6}$$

$$y_{ij} \leqslant y_{jj}, \qquad \forall i \in I, \forall j \in J \tag{3-7}$$

$$\sum_{e=1}^{E} x_j^e \leqslant 1, \qquad \forall j \in J \tag{3-8}$$

$$O_{jt} \leqslant \sum_{e=1}^{E} T_j^e x_j^e, \qquad \forall j \in J, \forall t \in T \tag{3-9}$$

$$\sum_{j=1}^{J} G_{ij}(T_{ij}) y_{ij} \geqslant \delta_i, \qquad \forall i \in I \tag{3-10}$$

$$y_{ij} \in \{0,1\}, \qquad \forall i \in I, \forall j \in J \tag{3-11}$$

$$x_j \in \{0,1\}, \qquad \forall i \in I \tag{3-12}$$

目标函数式(3-4) 表示时效产品配送网络的总成本最小化，式(3-5) 表示所有零售商的总服务水平最大化。约束条件式(3-6) 表示每个零售商只能选择一个配送中心；式(3-7) 表示选择的配送中心必须是已开设的；式(3-8) 表示每个配送中心只能选择一个容量能级；式(3-9) 表示每天每个配送中心处理的产品总量不能超过其最大容量；式(3-10) 表示对每个零售商的服务水平不能低于其最低水平；式(3-11) 和式(3-12) 表示决策变量。

此处需要说明的是，由于计算出的总成本和服务水平单位不一致，且数量级不同，在此引入了同一化公式，即 $f=\lambda(f_1-f_1^{\min})/(f_1^{\max}-f_1^{\min})-(1-\lambda)(f_2-f_2^{\min})/(f_2^{\max}-f_2^{\min})$，式中，$f_1$ 代表网络总成本；f_2 代表零售商服务水平。

3.4 分层遗传算法设计

目前学者针对双层规划算法的研究有启发式算法、梯度法、混沌优化、对偶协调算法等[189～193]。上述算法各有特色，但多数情况下只针对特定的问题、特定的条件来运算，而对一般的双层规划问题尚显不足。近年来，多目标进化算法因具有较优的全局搜索能力以及对目标函数要求不高的优势，逐步被用于双层规划研究中，一些学者分别用多目标进化算法、混合遗传算法、层次混沌量子遗传算法解决了双层规划问题[194～198]。本书基于进化博弈和多目标优化思想，设计分层遗传算法来求解基于模糊时间窗约束的时效产品配送网络优化问题。求解思路是，上层规划中网络决策者给出一些备选节点，下层规划的每个零售商依据自身利益选择各自运输成本最小的枢纽点，综合所有需求点的分配关系和需求量，可求得上层规划中需要建设的配送中心数量、能级与位置，从而计算出构建时效产品配送网络的总成本及服务水平；决策者想要降低总成本，通过调整备选配送中心数量、能级及位置，从而使零售商将产品送往较远的但对网络运营商总体有利的枢纽点，这时建设成本有所下降，运输成本上升，服务水平发生变化。如此反复迭代运算，不断调整网络节点和分配关系，直到满足一定的收敛条件，运算终止。

设计步骤包括如下内容。

① 编码设计，本书采用两段式编码方式，染色体的前一段共有 J 位，J 代表备选的配送中心数量，每个基因位采用 0-1 编码，1 表示选择在该点建设配送中心，0 表示不建设；后一段共有 I 个基因位，I 是零售商的数量，每个基因位代表零售商对配送中心的分配关系。如图 3-3 所示，一种初始方案是，选择在 1、5、8、10 备选点建设配送中心，且零售商 1 从第 8 个配送中心获取所需的时效产品，零售商 2 从第 1 个配送中心获取所需的时效产品，以此类推。

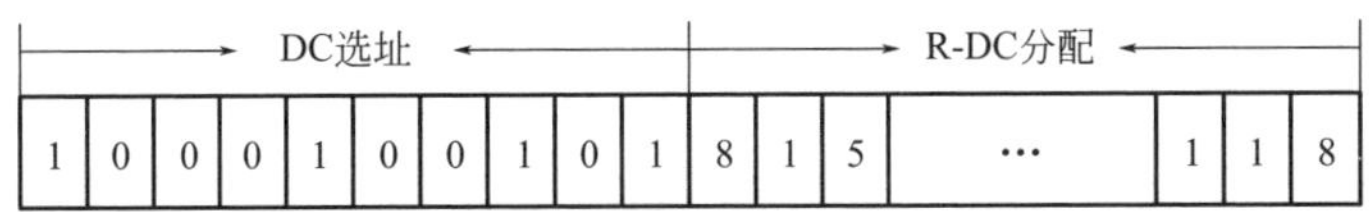

图 3-3　两段式编码设计

② 种群数量为 N，设定最大进化代数、交叉率、变异率，随机生成一组染色体，构成初始种群 F_0，并设 $t=0$，$F_t=F_0$。

③ 先求解模型 f_1 中的运输成本，即初步确定各零售商与配送中心之间的分配关系。每个零售商按自身运输成本最小化原则选择配送中心，并将零售商的选择及需求量等信息反馈到其他目标函数中。

④ 求解目标函数 f_1 中的建设成本、运营成本以及目标函数 f_2 中的总服务水平，并把总目标值 f 作为适应度函数，对种群 F_t 进行选择、交叉、变异、合并等操作得到新种群 P_t。其中选择操作采用“轮盘赌”方式，变异操作采用随机变异方式，交叉操作的思路是，对于每一对父代染色体，在每条父代染色体中寻找为 1 的基因位，将父代染色体融合产生子代，判断子代染色体中为 1 的基因位数量，如大于 K（K 表示调整的备选配送中心的数量），则去掉距离太近的两个枢纽点中的一个；若小于 K，则父代染色体出现错误，需重新选择。

⑤ 对新种群 P_t 进行快速非劣排序[155]，得到 F_{t+1}。

⑥ 此时，$t=t+1$，判断是否满足终止条件，若不满足返回到步骤③；若满足则运算终止，得出结果。

3.5 案例分析

为验证模型算法的有效性，利用我国某快速时尚品公司的相关数据进行案例分析。该配送网络的快速时尚品主要来自 1 个供应厂家，有 10 个备选的配送中心可供选择，时尚品零售商的数量有 20 个，该快速时尚品从供应商出发，经过配送中心的分拨配送后送到相应的零售店。决策者拟从中选择合适数量、位置的配送中心来构建以满足零售商对该快速时尚品的货运需求，这就构成了初始的时效产品配送网络。快速时尚品配送网络初始节点布局如图 3-4 所示，其中，小黑点代表零售商，灰色五角星代表备选的配送中心。每个拟建的配送中心均有四个能级，这四个能级的容量分别为 6000 件、8000 件、10000 件、12000 件，对应的固定建设成本分别为 280 万元、336 万元、392 万元、448 万元。从供应商到配送中心的单位产品、单位距离的运输成本为 1 元，从配送中心到零售商的单位产品、单位距离的配送成本为 2 元，其运输距离均满足欧式距离，速度为 60km/h。配送中心处理单位快速时尚品的成本为 10 元。依据该快速时尚品公司的历史销售数据，各零售商对该快速时尚品在 10 天内的需求量如表 3-1 所示。假定每个零售商可容忍的时间窗下限均为 0h，可容忍时间窗上限以及期望时间窗上限、下限等参数的设定分别如表 3-2～表 3-4 所示。之后，随着外界环境的变化，零售商对快速时尚品的需求量、单位运输成本等参数会发生一定变化，决策者需要考虑这些参数的影响，通过调整原有网络来满足需求并降低总成本。

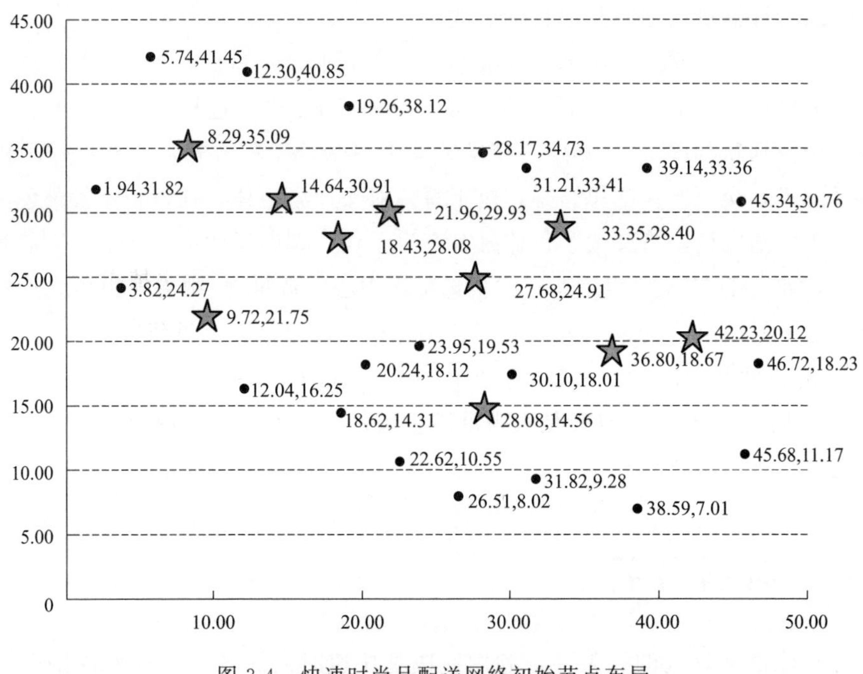

图 3-4 快速时尚品配送网络初始节点布局

表 3-1　零售商在 10 天内对快速时尚品的需求量　　　　单位：件

零售商	第 1 天	第 2 天	第 3 天	第 4 天	第 5 天	第 6 天	第 7 天	第 8 天	第 9 天	第 10 天
1	25	191	125	110	22	116	136	172	164	83
2	37	115	156	125	52	47	27	161	144	131
3	48	12	16	117	82	92	144	115	30	126
4	83	47	186	42	119	193	21	37	132	58
5	10	71	155	60	52	109	131	48	104	86
6	181	164	97	94	121	104	99	177	195	3
7	189	3	87	46	142	46	156	6	130	197
8	98	9	89	169	44	98	143	98	160	33
9	98	34	61	39	23	125	181	34	91	21
10	68	130	102	45	59	136	178	196	86	74
11	180	146	102	34	64	79	67	143	165	40
12	74	130	164	46	85	73	140	100	17	98
13	22	90	159	87	102	198	40	94	27	68
14	156	109	129	62	17	8	6	12	35	190
15	78	59	76	185	53	177	149	136	78	184
16	48	149	162	86	160	183	100	8	166	11
17	81	38	107	37	6	159	96	14	161	148
18	19	137	70	181	186	20	181	104	12	54
19	26	37	188	196	146	52	122	19	80	85
20	188	74	175	88	98	67	124	164	105	110

表 3-2　零售商可容忍的时间窗上限　　　　单位：h

零售商	备选的配送中心									
	1	2	3	4	5	6	7	8	9	10
1	108	106	110	119	108	109	112	110	120	110
2	102	100	113	111	114	104	106	113	111	112
3	105	104	106	115	119	118	109	119	110	117
4	105	115	102	112	117	116	114	115	106	111
5	106	115	109	100	110	118	118	108	109	104
6	103	118	107	109	115	105	115	117	110	109
7	107	112	116	113	108	114	100	102	101	108
8	102	101	116	110	120	113	114	101	118	120
9	118	119	114	107	120	102	109	101	101	113

续表

零售商	备选的配送中心									
	1	2	3	4	5	6	7	8	9	10
10	101	116	102	119	118	108	109	103	109	114
11	119	106	100	117	108	105	102	106	117	115
12	108	111	111	117	109	115	117	106	108	107
13	100	120	106	107	105	105	106	100	112	110
14	107	115	119	112	116	118	105	111	117	111
15	115	117	120	118	118	117	107	102	118	103
16	116	109	106	119	119	108	107	103	119	111
17	111	109	116	114	111	110	111	113	104	114
18	114	111	118	104	112	114	111	118	105	108
19	118	105	112	113	103	117	108	120	118	117
20	101	115	118	101	118	112	108	111	112	115

表 3-3　零售商的期望时间窗下限　　单位：h

零售商	备选的配送中心									
	1	2	3	4	5	6	7	8	9	10
1	71	76	71	72	78	72	76	80	74	80
2	80	76	70	77	71	76	77	78	73	76
3	71	71	79	74	71	79	74	80	80	77
4	71	71	78	71	73	78	79	72	75	78
5	71	73	72	74	79	78	80	71	73	74
6	70	78	79	72	76	77	78	74	70	72
7	74	74	77	72	76	79	73	75	76	70
8	77	79	77	76	80	78	78	76	71	75
9	79	80	80	75	76	72	71	80	70	77
10	78	74	70	74	70	80	75	75	76	73
11	77	70	74	72	78	71	76	74	73	75
12	75	76	75	79	76	77	77	80	73	72
13	77	78	76	79	75	72	74	72	77	73
14	80	73	70	73	72	72	78	77	79	77
15	75	75	77	76	72	73	79	80	73	79
16	73	72	70	78	75	72	70	77	80	79
17	78	80	76	80	72	75	71	73	80	72

续表

零售商	备选的配送中心									
	1	2	3	4	5	6	7	8	9	10
18	72	75	77	80	70	80	79	75	72	74
19	72	75	75	74	71	74	74	70	78	79
20	75	72	76	71	72	76	74	79	76	72

表 3-4　零售商的期望时间窗上限　　单位：h

零售商	备选的配送中心									
	1	2	3	4	5	6	7	8	9	10
1	92	93	98	95	96	99	94	98	96	97
2	93	95	91	92	94	100	96	92	93	91
3	91	99	100	99	91	93	93	96	91	94
4	94	95	93	97	97	98	94	95	94	95
5	93	93	93	98	96	95	94	99	98	95
6	93	95	92	98	98	95	95	97	100	99
7	98	96	98	95	96	99	95	93	99	97
8	95	94	90	93	98	100	100	93	90	98
9	95	90	100	97	96	90	92	92	93	95
10	98	97	91	100	100	97	93	100	92	100
11	91	95	93	98	99	92	96	93	93	90
12	96	94	97	99	95	94	95	91	100	95
13	93	90	91	97	98	92	92	93	96	93
14	93	93	95	96	95	99	96	98	98	95
15	96	92	97	98	99	100	99	97	99	97
16	99	92	100	95	93	97	90	97	91	92
17	92	98	98	99	100	97	94	90	99	96
18	97	94	98	90	93	100	90	94	91	93
19	99	90	94	100	90	97	96	99	98	99
20	92	94	92	91	98	96	95	93	98	91

依据本节构建的基于模糊时间窗约束的时效产品配送网络优化模型和分层遗传算法，设置参数包括种群为 200，进化代数为 300，交叉率为 0.9，变异率为 0.02，运用 Matlab7.0 编程计算可求得最优解。该快速时尚品配送网络最优时的总成本为 199880 万元，其中建设成本为 1120 万元，处理成本为 387.66 万元，运输成本为 198000 万元，零售商总的服务水平为 18.32。图 3-5 描述了模糊时间

窗约束下该快速时尚品配送网络结构图中配送中心的选址以及零售店与配送中心之间货物分配关系情况，其中所选的配送中心用黑色五角星表示，节点之间的分配关系用直线表示。最优网络中所选的配送中心序号为 1、3、6、7，其能级均为 1。其中 1 负责配送零售商 1 所需的快速时尚品，3 负责配送零售商 2～5、9、11 所需的快速时尚品，6 负责配送零售商 6、15 所需的快速时尚品，7 负责配送零售商 7、8、10、12～14、16～20 所需的快速时尚品。快速时尚品最优配送网络中零售商服务水平情况见表 3-5。

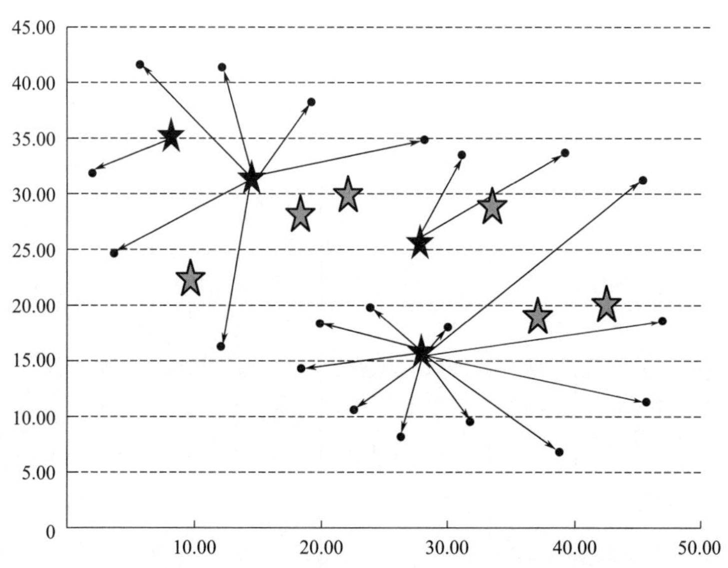

图 3-5　基于模糊时间窗约束的快速时尚品配送网络结构

表 3-5　快速时尚品最优配送网络中零售商服务水平情况

零售商	1	2	3	4	5	6	7	8	9	10
服务水平	1	1	0.91	0.95	0.94	1	0.87	0.83	0.81	0.81
零售商	11	12	13	14	15	16	17	18	19	20
服务水平	0.98	0.74	0.84	1	1	1	0.86	0.78	1	1

在上述初始网络结构基础上，为了深入探究权重系数及最低服务水平对该快速时尚品配送网络产生的影响，从而更好地指导实践，本书设计了如表 3-6 所示的 2 个实验，分别针对模型中权重系数及最低服务水平对快速时尚品配送网络的影响进行研究。

表 3-6 实验配置

实验序号	场景	模型调整和分析过程
1	分析权重变化对配送网络的影响	(1)调节总成本 f_1 权重为 $\lambda=0.01,0.02,\cdots,0.99$,则总服务水平 f_2 权重为 $\theta=1-\lambda$ (2)对每一对 λ、θ,多次求解模型 (3)实验结果见图 3-6 (4)分析实验结果
2	分析最低服务水平 δ_i 变化对网络的影响	(1)保持总成本的权重 λ 和总服务水平的权重 θ 为 0.5 不变 (2)调节最低服务水平 δ_i 的大小分别为 0.8、0.85、0.9 (3)实验结果见表 3-7～表 3-9 及图 3-7～图 3-9 (4)分析实验结果

(1) 分析实验 1 中权重系数变化对快速时尚品配送网络的影响

如图 3-6 所示，快速时尚品配送网络的总服务水平随着总成本的不断增大而提升。同时，随着总成本 f_1 的权重和总服务水平 f_2 的权重系数的不断变化，快速时尚品配送网络的建设成本、运营成本及运输成本，零售商的服务水平，以及配送中心选址、流量分配关系等决策均发生了变化。当总成本的权重和总服务水平的权重分别为 0.9、0.1 时，快速时尚品配送网络的总成本为 199880 万元，总服务水平为 18.32，所选的配送中心序号为 1、3、6、7，能级均为 1。而当总成本的权重和总服务水平的权重分别为 0.1、0.9 时，快速时尚品配送网络的总成本为 227350 万元，总服务水平为 19.87，所选的配送中心序号为 1、4、6、7，

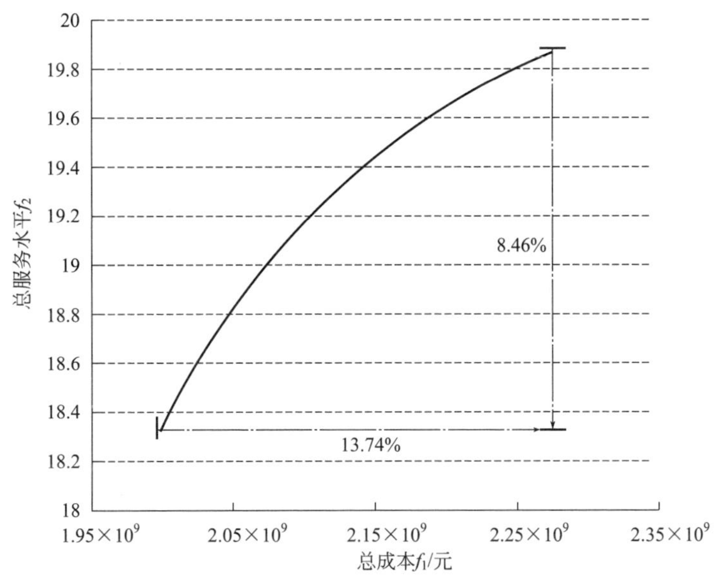

图 3-6 权重变化对快速时尚品配送网络各成本的影响

能级均为 1。在这两种情景下，快速时尚品配送网络的总成本增加了 13.74%，而总服务水平增加了 8.46%。这说明该种快速时尚品配送网络总成本的变化幅度更为明显，且在一定程度上增加时效产品配送网络成本能够有效提升服务水平，实现客户满意度的提升。

(2) 分析实验 2 中最低服务水平对快速时尚品配送网络的影响

① 分析最低服务水平为 0.8 时对快速时尚品配送网络的影响。

当所有零售商的最低服务水平为 0.8 时，基于模糊时间窗约束的快速时尚品配送网络最优时的总成本为 207730 万元，其中建设成本为 1120 万元，处理成本为 387.66 万元，运输成本为 206000 万元，零售商总的服务水平为 18.8，每个零售商的满意度情况如表 3-7 所示。

表 3-7 最低服务水平为 0.8 时的零售商满意度情况

零售商	1	2	3	4	5	6	7	8	9	10
服务水平	1	1	0.92	0.95	0.94	1	0.87	0.83	0.81	0.81
零售商	11	12	13	14	15	16	17	18	19	20
服务水平	0.98	1	0.84	1	1	1	0.86	1	1	1

如图 3-7 所示，当所有零售商的最低服务水平为 0.8 时，最优网络中所选的配送中心序号为 1、3、6、7，其能级均为 1。其中配送中心 1 负责配送零售商 1

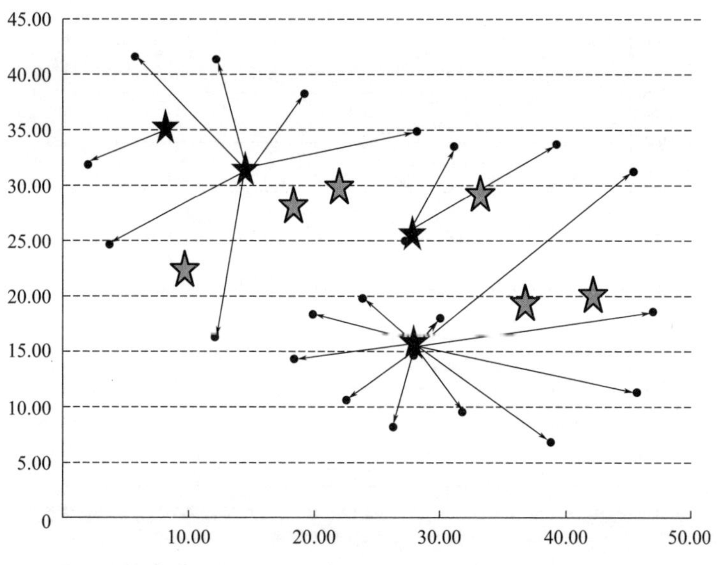

图 3-7 最低服务水平为 0.8 时的配送中心选址及流量分配情况

所需的快速时尚品，配送中心 3 负责配送零售商 2～5、9、11 所需的快速时尚品，配送中心 6 负责配送零售商 6、12、15、18 所需的快速时尚品，配送中心 7 负责配送零售商 7、8、10、13、14、16、17、19、20 所需的快速时尚品。

② 分析最低服务水平为 0.85 对快速时尚品配送网络的影响。

当所有零售商的最低服务水平为 0.85 时，基于模糊时间窗约束的快速时尚品配送网络最优时的总成本为 220120 万元，其中建设成本为 1400 万元，处理成本为 387.66 万元，运输成本为 218000 万元，零售商总的服务水平为 19.52，每个零售商的满意度情况如表 3-8 所示。

表 3-8　最低服务水平为 0.85 时的零售商满意度情况

零售商	1	2	3	4	5	6	7	8	9	10
服务水平	1	1	0.91	1	0.94	1	0.87	1	1	0.96
零售商	11	12	13	14	15	16	17	18	19	20
服务水平	0.98	1	1	1	1	1	0.86	1	1	1

如图 3-8 所示，最优网络中所选的配送中心序号为 1、3、4、6、7，其能级均为 1。其中配送中心 1 负责配送零售商 1 所需的快速时尚品，配送中心 3 负责配送零售商 2、3、5、8、11 所需的快速时尚品，配送中心 4 负责配送零售商 4、9 所需的快速时尚品，配送中心 6 负责配送零售商 6、10、12、13、15、18 所需

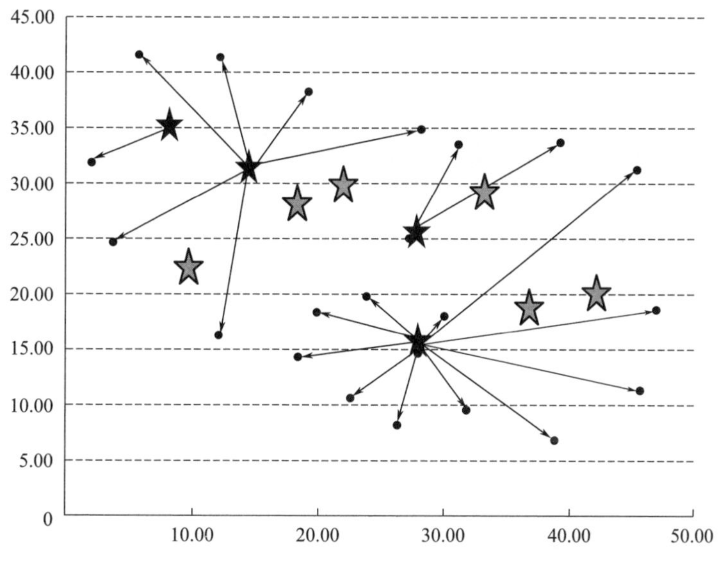

图 3-8　最低服务水平为 0.85 时的配送中心选址及流量分配情况

的快速时尚品，配送中心 7 负责配送零售商 7、14、16、17、19、20 所需的快速时尚品。

③ 分析最低服务水平为 0.9 对快速时尚品配送网络的影响。

当所有零售商的最低服务水平为 0.9 时，基于模糊时间窗约束的快速时尚品配送网络最优时的总成本为 235970 万元，其中建设成本为 1120 万元，处理成本为 387.66 万元，运输成本为 234000 万元，零售商总的服务水平为 19.72，每个零售商的满意度情况如表 3-9 所示。

表 3-9　最低服务水平为 0.9 时的零售商满意度情况

零售商	1	2	3	4	5	6	7	8	9	10
服务水平	1	1	0.91	1	0.94	1	1	1	1	0.96
零售商	11	12	13	14	15	16	17	18	19	20
服务水平	0.98	1	1	1	1	1	1	1	0.94	1

如图 3-9 所示，最优网络中所选的配送中心序号为 1、3、4、6，其能级均为 1。其中配送中心 1 负责配送零售商 1 所需的快速时尚品，配送中心 3 负责配送零售商 2、3、5、8、11 所需的快速时尚品，配送中心 4 负责配送零售商 4、7、9 所需的快速时尚品，配送中心 6 负责配送零售商 6、10、12～20 所需的快速时尚品。

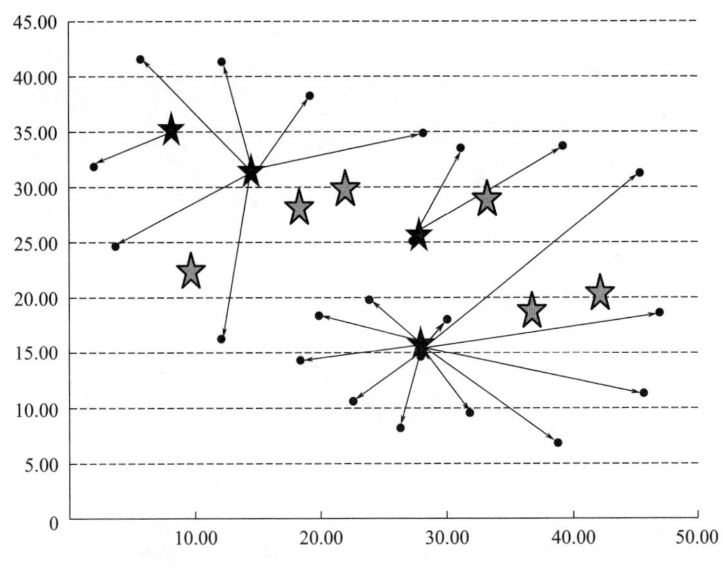

图 3-9　最低服务水平为 0.9 时的配送中心选址及流量分配情况

本章考虑将零售商心理、行为等因素融入时效产品配送网络优化研究中，通过引入模糊时间窗来反映有弹性的零售商服务时间偏好的时间窗，构建基于模糊时间窗约束的时效产品配送网络优化模型，并运用案例进行深入研究，计算得到模糊时间窗约束下的快速时尚品配送网络结构图，分析了权重系数及最低服务水平等因素变化对配送中心选址及流量分配的影响，为以下章节内容的深入研究奠定了基础。

第 4 章

考虑回收的时效产品配送网络优化研究

4.1 问题的提出
4.2 考虑回收的特点及对时效产品配送网络的设计要求
4.3 基于贝叶斯信息更新的问题描述
4.4 数学模型
4.5 模型求解
4.6 算例分析

4.1 问题的提出

时效产品的销售具有很强的时效性，一旦产品批量上市，实际的需求量及需求结构很难把握，生产周期长、短周期、路途遥远等原因使得由供应商补货存在很大问题，不太现实，需求波动大、信息不对称等诸多因素都会导致在销售末期出现有的零售商库存积压、有的零售商缺货等现象。而时效产品一旦超过保质期限或销售期限，产品的使用价值会很低甚至为零，如易腐品超过保质期其价值瞬间降为零，而时尚品和高科技产品超过销售期虽然使用价值犹在，但市场价值随着时间的流逝迅速衰减，所以传统研究过期或废弃的时效产品逆向物流的意义不大。但是，如果零售商能够在时效产品整个生命周期内对其进行及时准确的需求预测，并将多余的存货量提前调往配送中心，再由配送中心运送到即将缺货的零售店，那么这将成为平衡供需矛盾和降低时效产品销售风险的一种重要途径。

本章考虑回收的时效产品主要包括预测生命周期末不可能销售完的产品、由消费者引发的无缺陷退货以及有缺陷可修复的退货产品。由于市场竞争日益激烈，目前大多数产品尤其是时效产品存在非常普遍的退货现象。据调查，美国的时装、电子产品等行业退货量居高不下，占所有订货量的比例为 35%，Estee Launder 每年在全世界的销售额将近 40 亿美元，但包括退货、报废的产品价值就达到 1.9 亿美元，占据总销售额的 4.75%。退货的原因多种多样，如产品质量问题、产品说明与实际功能不符、客户的喜好等。退货一方面成为诸多企业提升客户服务水平的重要手段，但同时也给企业带来巨大的压力和额外的成本，大量的产品退货严重侵蚀着供应链各企业的利润，零售业正面临着来自回收物流巨大的压力和挑战[4]。

近年来，来源于客户的无缺陷退货受到越来越广泛的关注，这主要是由于产品的价值与客户的需求偏好存在差异造成。这一现象在时效产品行业尤为常见，如惠普公司生产的喷墨打印机，无缺陷产品退货占据全部退货产品的 80%；计算机产品占 85%，小家电则高达 90%。同样，时装等行业的无缺陷退货问题也非常明显[4]。虽然零售商或制造商在回收、处理、再配送大量退货产品时会耗费一系列成本，也会削减企业部分的销售利润，但一般情况下，客户无缺陷退货产品与新产品相比，在使用价值和外观设计上并没有发生多少变化，只需经过回收、检测、重新包装、再配送等环节，就能够进行二次销售，增加利润。因此，从长远来看，允许客户无缺陷退货不仅能够满足消费者多样化的购买需求，还能增加其未来购买的概率，大大提升客户服务水平和企业良好形象，并对节约资源、减少浪费和保护环境起到重要而深远的意义。因此，在产品生命周期内及时回收客户无缺陷退货产品也成为本书研究的重要内容。

本章通过分析回收策略的特点以及对时效产品配送网络的影响和设计要求，通过贝叶斯信息更新来预测各个零售店在销售末期的产品状态，在此基础上构建考虑回收的时效产品配送网络优化模型，其目标函数兼顾成本和效率目标，考虑包括正向配送、反向回收/再配送在内的网络总成本最小及总时间最小化。考虑回收的时效产品配送网络研究框架如图 4-1 所示。

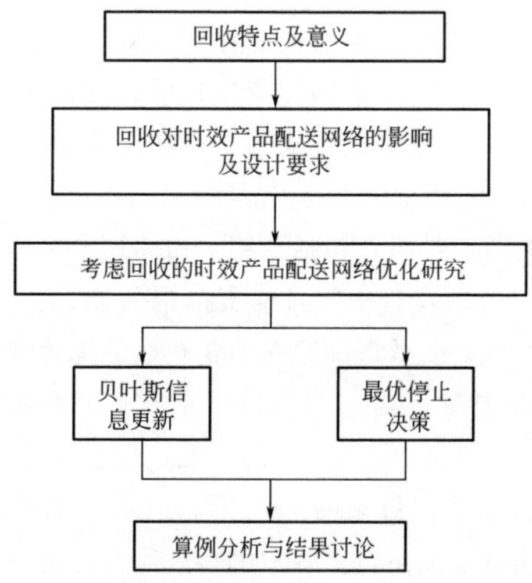

图 4-1　考虑回收的时效产品配送网络研究框架

4.2　考虑回收的特点及对时效产品配送网络的设计要求

产品回收物流是指把产品的原材料、半成品、产成品及其相关信息从用户端高效、低成本回流到循环供应链上游端的规划、设计、实施和控制的过程，其目的在于重新获取其价值或对其适当处理。导致产品回收物流发生的原因有诸多，包括生产过程中产生的原材料剩余、废料、副产品及不合格产成品等，分销过程中产生的产品质量问题或者产品过期问题导致的退货，以及由最终用户返回产生，即产品生命周期终止或者产品原有价值失去而进行的回收。

本书考虑回收的产品包括两部分，一部分是预测生命周期末不可能销售完的产品；另一部分包括由消费者引发的无缺陷退货以及有缺陷可修复的退货产品。总之，是原本完好或经过配送中心修复后的完好产品，可以重新配送到缺货零售商直接销售的产品，这样能最大限度避免销售季节结束后，存在大量没有销完的剩余产品的现象。对时效产品配送网络设计来说，运用回收策略需要具备如下一些条件。

① 由于本章研究的是正向配送与反向回收/再配送网络的优化，因此，时效产品配送网络中的配送中心在构建时要兼具处理时效产品和修复部分缺陷产品的功能，包括集货、存储、加工、分货、拣选、配货等传统功能，以及检测、清洁、维修、拆卸、分类等回收处理功能。

② 在时效产品整个生命周期内，零售商需要准确记录每天产品的销售量、库存量、退货量等信息，以及销售末期产品状态（存货或缺货）等情况，从而得知各零售店在时效产品销售末期出现存货或缺货现象时，该产品状态下的库存量等发生的条件概率，为日后运用贝叶斯信息更新预测及适时做出回收等决策打下基础。

4.3 基于贝叶斯信息更新的问题描述

由于时效产品具有短周期、时间响应强、需求波动大、销售风险大、销售末期产品残值低等特征，怎样才能快速且有效地对时效产品进行配送成为重要研究议题，而构建以往一般情景下的产品配送网络远远不能满足需求。由于时效产品需求预测的准确度和配送网络成本效率之间存在悖反效应，而这种悖反关系随着时间的流逝更加明显。在销售初期，决策者可以采取回收策略将零售商多余的产品回收到配送中心，但此时预测的准确性较低，会影响时效产品配送的有效性和合理性；而如果在销售末期做出回收行动，虽然信息准确度较高，但这又是以牺牲回收时间和及时性为代价的，可能造成回收的产品不能及时进行再配送而超出产品生命周期的现象。因此，研究信息更新下的时效产品配送网络优化问题具有重要的现实意义。

国外学者 Iyer、Eppen、Choi 等人最早将贝叶斯信息更新应用于服装行业的订货、库存等研究中[199～201]。国内学者刘开军、陈金亮、魏炜等人也将贝叶斯信息更新运用于供应链协调预测、生鲜农产品供应链突发事件风险的评估、物流系统可靠性以及智能决策系统等研究领域[202～207]。

本章考虑将贝叶斯信息更新引入时效产品配送网络研究中来，零售商通过观测时效产品生命周期每个时刻的销售量、库存量、退货量等信息，预测时效产品在销售末期的产品状态，并在合适的时刻做出产品回收/再配送等决策，从而最大限度避免销售季节状态结束后，存在大量没有销完的剩余产品的现象。

本章研究的是考虑回收的时效产品配送网络，其正向配送和反向回收/再配送的决策结构图如图 4-2 所示。本章把整个决策过程分为两个阶段，第一阶段是正向配送阶段；第二阶段是反向回收/再配送阶段。第一阶段需要做出的决策包括配送中心的选址决策和流量分配决策；第二阶段需要做出的决策包括是否回收？何时回收？存货商将多余产品运送到哪个回收中心？回收量是多少？从哪个回收中心再配送到相应的缺货商？再配送产品量是多少？

同时，本章将第二阶段——反向回收/再配送阶段分成几个时间段，如图 4-2 所示，零售商需要在每个时刻通过观测产品销售量、库存量、退货量等信息，从而预测销售末期产品状态、存货量、缺货量等，并做出选择是要停止观测，进行回收/再配送活动，还是选择继续等待，观测并更新信息，从而做出合理的回收中心选择以及物资回收/再配送等决策。这里需要做出的决策是在多个观测时刻上的单次决策问题。

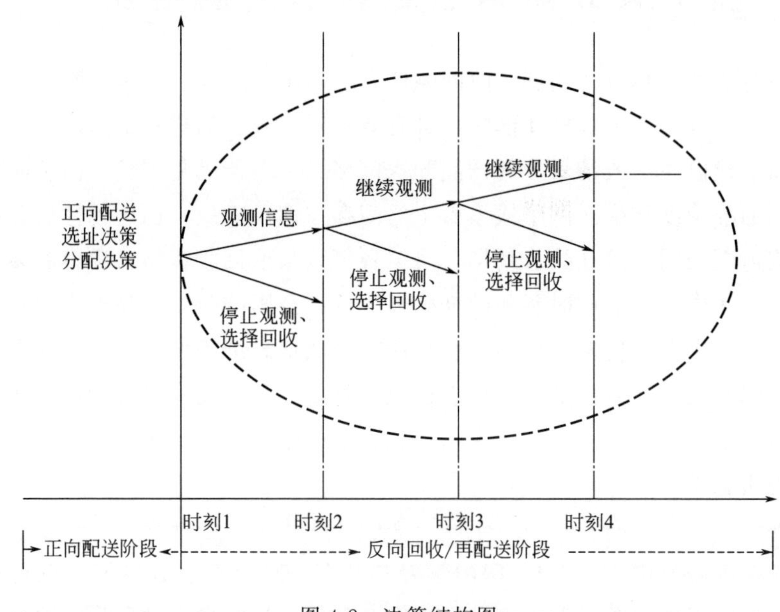

图 4-2 决策结构图

一般而言，根据历史数据的记录，我们可以知道当销售末期产品状态出现时，每天的库存量情况发生的概率，例如，当某零售店在时效产品销售末期出现存货或缺货现象时，我们一般可以通过查询该产品状态下的销售记录、库存水平、退货等信息从而得到剩余库存的条件概率，这样，我们就可以根据贝叶斯信息更新通过观测不同时间段的库存量来预测销售末期的产品状态发生的概率。

根据贝叶斯定理，设置 $s_{\max}$ 表示最大的观测时刻，p_{ϕ} 表示时效产品状态情景 φ 发生的先验概率，$p_{\sigma^{(s)}\mid\phi}$ 表示当销售末期时效产品出现存货或缺货状态时，每个观测时刻的库存量情况发生的概率，那么经过贝叶斯更新的产品状态情景发生的后验概率 p_s^{ϕ} 为

$$p_s^{\phi}=\begin{cases} p_{\phi} & s=1 \\ p_{\phi}p_{\sigma^{(s)}\mid\phi}\Big/\sum\limits_{\phi=1}^{\Omega}p_{\phi}p_{\sigma^{(s)}\mid\phi} & s=2,3,\cdots,s_{\max} \end{cases} \tag{4-1}$$

4.4 数学模型

4.4.1 模型假设

为了便于构建模型，需要进行如下假设。

① 假定在销售末期只存在存货和缺货两种产品状态。

② 在配送中心或回收中心处理时效产品的时间忽略不计。

③ 更新后的时效产品信息比更新前的信息更加准确。

4.4.2 符号说明

（1）集合

M	存货零售商数量
N	缺货零售商数量
S	观测时刻的集合
Ω	销售末期产品状态场景集合，$\phi\in\Omega$，且 $\phi=1$ 表示存货状态，$\phi=2$ 表示缺货状态

（2）参数

p_s^{ϕ}	时刻 s 的产品状态 ϕ 发生概率

$D_j=\sum_{m=1}^{M}(\varpi_m^{\phi}+\alpha Q_m+\beta Q_m)z_{mj}$ 经过配送中心处理前的所有回收产品

$B_j=\sum_{m=1}^{M}(\varpi_m^{\phi}+\alpha Q_m+\beta\chi Q_m)z_{mj}$ 经过配送中心处理后的完好产品

$Q_m=\sum_{t=1}^{T}u_{mt}$ 存货零售商 m 在整个市场周期的总订货量

α 退货中无缺陷产品占总订单量的比例

β 退货中缺陷产品占总订单量的比例

χ 退货中经过修复后的完好产品占缺陷产品的比例

c_3 回收或再配送过程中单位产品、单位距离的运输成本

d_2 预测销售末期的存货量和无缺陷产品的单位处理成本

d_3 缺陷产品的检测、修复等处理成本

d_4 无法修复产品的处理成本

l_{mj} 从存货零售商到被选为回收点的配送中心之间的距离

l_{jn} 从回收点到缺货零售商之间的距离

(3) 决策变量

ϖ_m^{ϕ} 零售商 m 预测在销售末期的存货量

μ_n^{ϕ} 零售商 n 预测在销售末期的缺货量

x_j^e 0-1 变量，如果在备选配送中心 j 处建立能级为 e 的枢纽则为 1，否则为 0

y_{ij} 0-1 变量，如果零售商 i 分配给所选的配送中心则为 1，否则为 0

y_{jj} 0-1 变量，如果备选配送中心 j 被选为枢纽点则为 1，否则为 0

z_{mj} 0-1 变量，如果存货零售商 m 选择配送中心 j 作为回收中心则为 1，否则为 0

r_{nj} 0-1 变量，如果缺货零售商 n 分配给所选的回收中心 j 则为 1，否则为 0

4.4.3 模型构建

本小节构建的是考虑回收的时效产品配送网络优化模型，其目标函数包括时效产品正向配送、反向回收/再配送在内的网络总成本最小和总时间最少。其中目标函数式(4-2）表示最小化时效产品正向配送网络总成本，包括建设成本、运营成本以及正向配送成本；目标函数式(4-3）表示最小化时效产品回收/再配送网络总成本，包括时效产品回收/再配送的运输成本以及回收中心的处理成本。目标函数式(4-4）表示最小化时效产品正向配送、回收/再配送和信息观测的总时间。

$$\min f1^{(s)} = \sum_{j=1}^{J}\sum_{e=1}^{E}\sum_{\phi=1}^{\Omega} p_s^{\phi} F_j^e x_j^e + \sum_{j=1}^{J}\sum_{t=1}^{T}\sum_{\phi=1}^{\Omega} p_s^{\phi} d_1 O_{jt} y_{ij} + \sum_{j=1}^{J}\sum_{\phi=1}^{\Omega} p_s^{\phi} c_1 \left(\sum_{i=1}^{I}\sum_{t=1}^{T} u_{it} y_{ij}\right) l_j + \sum_{j=1}^{J}\sum_{t=1}^{T}\sum_{i=1}^{I}\sum_{\phi=1}^{\Omega} p_s^{\phi} c_2 u_{it} y_{ij} l_{ij} \tag{4-2}$$

$$f2^{(s)} = \sum_{m=1}^{M}\sum_{J=1}^{J}\sum_{\phi=1}^{\Omega} p_s^{\phi} c_3 (\varpi_m^{\phi} + \alpha Q_m + \beta Q_m) l_{mj} z_{mj} + \sum_{m=1}^{M}\sum_{j=1}^{J}\sum_{\phi=1}^{\Omega} p_s^{\phi} d_2 (\varpi_m^{\phi} + \alpha Q_m) z_{mj} + \sum_{m=1}^{M}\sum_{j=1}^{J}\sum_{\phi=1}^{\Omega} p_s^{\phi} d_3 \beta \chi Q_m z_{mj} + \sum_{m=1}^{M}\sum_{j=1}^{J}\sum_{\phi=1}^{\Omega} p_s^{\phi} d_4 \beta (1-\chi) Q_m z_{mj} + \sum_{n=1}^{N}\sum_{j=1}^{J}\sum_{\phi=1}^{\Omega} p_s^{\phi} c_3 \mu_n^{\phi} l_{jn} r_{nj} \tag{4-3}$$

$$f3^{(s)} = \sum_{j=1}^{J}\sum_{i=1}^{I}\sum_{\phi=1}^{\Omega} p_s^{\phi} (l_j + l_{ij}) y_{ij} / v + \sum_{m=1}^{M}\sum_{n=1}^{N}\sum_{j=1}^{J}\sum_{\phi=1}^{\Omega} p_s^{\phi} (l_{mj} z_{mj} + l_{jn} r_{nj}) / v + H(s-1) \tag{4-4}$$

式中，$\sum_{m=1}^{M}\sum_{J=1}^{J}\sum_{\phi=1}^{\Omega} p_s^{\phi} c_3 (\varpi_m^{\phi} + \alpha Q_m + \beta Q_m) l_{mj} z_{mj}$ 表示从存货商运送到回收中心的产品运输成本；$\sum_{m=1}^{M}\sum_{j=1}^{J}\sum_{\phi=1}^{\Omega} p_s^{\phi} d_2 (\varpi_m^{\phi} + \alpha Q_m) z_{mj}$ 表示预测存货产品和无缺陷退货产品的处理成本；$\sum_{m=1}^{M}\sum_{j=1}^{J}\sum_{\phi=1}^{\Omega} p_s^{\phi} d_3 \beta \chi Q_m z_{mj}$ 表示有缺陷但可修复的退货产品

的处理成本；$\sum_{m=1}^{M}\sum_{j=1}^{J}\sum_{\phi=1}^{\Omega}p_s^{\phi}d_4\beta(1-\chi)Q_m z_{mj}$ 表示有缺陷但无法修复的退货产品的处理成本；$\sum_{n=1}^{N}\sum_{j=1}^{J}\sum_{\phi=1}^{\Omega}p_s^{\phi}c_3\mu_{jn}l_{jn}r_{nj}$ 表示从回收中心运送到缺货商的再配送成本。

约束条件如下。

$$\sum_{j=1}^{J}y_{ij}=1, \qquad \forall i\in I \tag{4-5}$$

$$y_{ij}\leqslant y_{jj}, \qquad \forall i\in I, \forall j\in J \tag{4-6}$$

$$\sum_{e=1}^{E}x_j^e\leqslant 1, \qquad \forall j\in J \tag{4-7}$$

$$O_{jt}\leqslant \sum_{e=1}^{E}T_j^e x_j^e, \qquad \forall j\in J, \forall t\in T \tag{4-8}$$

$$y_{ij}\in\{0,1\}, \qquad \forall i\in I, \forall j\in J \tag{4-9}$$

$$x_j\in\{0,1\}, \qquad \forall i\in I, \tag{4-10}$$

$$\sum_{j=1}^{J}z_{mj}=1, \qquad \forall m\in M \tag{4-11}$$

$$\sum_{j=1}^{J}r_{nj}=1, \qquad \forall n\in N \tag{4-12}$$

$$D_j\leqslant \sum_{m=1}^{M}\sum_{e=1}^{E}T_j^e x_j^e, \qquad \forall j\in J \tag{4-13}$$

$$B_j\geqslant \sum_{n-1}^{N}\mu_n^{\phi}r_{nj}, \qquad \forall j\in J \tag{4-14}$$

$$z_{mj}\in\{0,1\}, \qquad \forall m\in M, \forall j\in J \tag{4-15}$$

$$r_{nj}\in\{0,1\}, \qquad \forall n\in N, \forall j\in J \tag{4-16}$$

约束条件式(4-5) 表示每个零售商只能选择一个配送中心；式(4-6) 表示选择的配送中心必须是已开设的；式(4-7) 表示每个配送中心只能选择一个容量能

级；式(4-8) 表示每天每个配送中心处理的产品总量不能超过其最大容量；式(4-9) 和式(4-10) 表示正向配送决策变量。约束条件式(4-11) 表示每个存货零售商只能选择一个配送中心作为回收中心；式(4-12) 表示每个缺货零售商只能选择一个配送中心作为回收中心；式(4-13) 表示每个回收中心处理的回收产品总量不能超过其最大容量；式(4-14) 表示每个回收中心处理的完好产品数量应大于其再配送的产品量；式(4-15) 和式(4-16) 表示回收/再配送网络的决策变量。

4.5 模型求解

定义 1：ϕ 是销售末期时效产品的状态情景，p_s^ϕ 是其发生的后验概率分布，$L(\phi,a,s)$ 是决策行动 a 的损失函数，$E^{p_s^\phi}(*)$ 是对 * 按照后验概率 p_s^ϕ 所取的数学期望，那么在时刻 s 决策行动 a 的后验期望损失为

$$\rho(p_s^\phi,a,s)=E^{p_s^\phi}[L(\phi,a,s)] \tag{4-17}$$

将原有模型的目标函数等价变换为

$$\begin{aligned}
f2^{(s)} &= \sum_{m=1}^{M}\sum_{J=1}^{J}\sum_{\phi=1}^{\Omega}p_s^\phi c_3(\varpi_m^\phi+\alpha Q_m+\beta Q_m)l_{mj}z_{mj}+\sum_{m=1}^{M}\sum_{j=1}^{J}\sum_{\phi=1}^{\Omega}p_s^\phi c_4(\varpi_m^\phi+\\
&\quad \alpha Q_m)z_{mj}+\sum_{m=1}^{M}\sum_{j=1}^{J}\sum_{\phi=1}^{\Omega}p_s^\phi c_5\beta\chi Q_m z_{mj}+\sum_{m=1}^{M}\sum_{j=1}^{J}\sum_{\phi=1}^{\Omega}p_s^\phi c_6\beta(1-\chi)Q_m z_{mj}+\\
&\quad \sum_{n=1}^{N}\sum_{j=1}^{J}\sum_{\phi=1}^{\Omega}p_s^\phi c_3\mu_n^\phi l_{jn}r_{nj}\\
&= E^{p_s^\phi}\left[\sum_{m=1}^{M}\sum_{J=1}^{J}c_3(\varpi_m^\phi+\alpha Q_m+\beta Q_m)l_{mj}z_{mj}+\sum_{m=1}^{M}\sum_{j=1}^{J}c_4(\varpi_m^\phi+\alpha Q_m)z_{mj}\right]+\\
&\quad E^{p_s^\phi}\left[\sum_{m=1}^{M}\sum_{j=1}^{J}c_5\beta\chi Q_m z_{mj}+\sum_{m=1}^{M}\sum_{j=1}^{J}c_6\beta(1-\chi)Q_m z_{mj}+\sum_{n=1}^{N}\sum_{j=1}^{J}c_3\mu_n^\phi l_{jn}r_{nj}\right]\\
&= E^{p_s^\phi}[L(\phi,z_{mj},r_{nj},s)]
\end{aligned} \tag{4-18}$$

同理：

$$f1^{(s)}=\sum_{j=1}^{J}\sum_{e=1}^{E}\sum_{\phi=1}^{\Omega}p_s^\phi F_j^e x_j^e+\sum_{j=1}^{J}\sum_{t=1}^{T}\sum_{\phi=1}^{\Omega}p_s^\phi W_{jt}(O_{jt})+$$

$$\sum_{j=1}^{J}\sum_{\phi=1}^{\Omega}p_s^{\phi}c_1\left(\sum_{i=1}^{I}\sum_{t=1}^{T}u_{it}y_{ij}\right)l_j+\sum_{j=1}^{J}\sum_{t=1}^{T}\sum_{i=1}^{I}\sum_{\phi=1}^{\Omega}p_s^{\phi}c_2u_{it}y_{ij}l_{ij}$$

$$=\sum_{\phi=1}^{\Omega}p_s^{\phi}\left[\sum_{j=1}^{J}\sum_{e=1}^{E}F_j^ex_j^e+\sum_{j=1}^{J}\sum_{t=1}^{T}W_{jt}(O_{jt})+\sum_{j=1}^{J}c_1\left(\sum_{i=1}^{I}\sum_{t=1}^{T}u_{it}y_{ij}\right)l_j+\right.$$

$$\left.\sum_{j=1}^{J}\sum_{t=1}^{T}c_2\sum_{i=1}^{I}u_{it}y_{ij}l_{ij}\right]$$

$$=E^{p_s^{\phi}}\left[\sum_{j=1}^{J}\sum_{e=1}^{E}F_j^ex_j^e+\sum_{j=1}^{J}\sum_{t=1}^{T}W_{jt}(O_{jt})+\sum_{j=1}^{J}c_1\left(\sum_{i=1}^{I}\sum_{t=1}^{T}u_{it}y_{ij}\right)l_j+\right.$$

$$\left.\sum_{j=1}^{J}\sum_{t=1}^{T}c_2\sum_{i=1}^{I}u_{it}y_{ij}l_{ij}\right]$$

$$=E^{p_s^{\phi}}[L(\phi,x_j^e,y_{ij},s)] \tag{4-19}$$

$$f3^{(s)}=\sum_{j=1}^{J}\sum_{i=1}^{I}\sum_{\phi=1}^{\Omega}p_s^{\phi}(l_j+l_{ij})y_{ij}/v+\sum_{m=1}^{M}\sum_{n=1}^{N}\sum_{j=1}^{J}\sum_{\phi=1}^{\Omega}p_s^{\phi}(l_{mj}z_{mj}+l_{jn}r_{nj})/v+H(s-1)$$

$$=\sum_{\phi=1}^{\Omega}p_s^{\phi}\left[\sum_{j=1}^{J}\sum_{i=1}^{I}\sum_{\phi=1}^{\Omega}(l_j+l_{ij})y_{ij}/v+\sum_{m=1}^{M}\sum_{n=1}^{N}\sum_{j=1}^{J}(l_{mj}z_{mj}+l_{jn}r_{nj})/v\right]+H(s-1)$$

$$=E^{p_s^{\phi}}\left[\sum_{j=1}^{J}\sum_{i=1}^{I}\sum_{\phi=1}^{\Omega}(l_j+l_{ij})y_{ij}/v+\sum_{m=1}^{M}\sum_{n=1}^{N}\sum_{j=1}^{J}(l_{mj}z_{mj}+l_{jn}r_{nj})/v+H(s-1)\right]$$

$$=E^{p_s^{\phi}}[L(\phi,y_{ij},z_{mj},r_{nj},s)] \tag{4-20}$$

由上述的等价变换得出，已有模型的三个目标函数均可以表示为不同决策组合的后验期望损失函数，参考文献［159］，可得出每时刻这三个目标的贝叶斯风险为

$$R[f1^{(s)}]=\inf_{z_{mj},r_{nj}}E^{p_s^{\phi}}[L(\phi,x_j^e,y_{ij},s)] \tag{4-21}$$

$$R[f2^{(s)}]=\inf_{z_{mj},r_{nj}}E^{p_s^{\phi}}[L(\phi,z_{mj},r_{nj},s)] \tag{4-22}$$

$$R[f3^{(s)}]=\inf_{z_{mj},r_{nj}} E^{p_s^\phi}[L(\phi,y_{ij},z_{mj},r_{nj},s)] \tag{4-23}$$

定义 2：设 τ_1 和 τ_2 分别为单位正向配送的延误损失及单位回收/再配送的损失（以资金来衡量），且其值已知，则每个时刻的加权贝叶斯风险为

$$r^{(s)}=\inf_{(y_{ij},z_{mj},r_{nj})}\{\tau_1 E^{p_s^\phi}[L(\phi,x_j^e,y_{ij},s)]+\tau_2 E^{p_s^\phi}[L(\phi,z_{mj},r_{nj},s)]+ E^{p_s^\phi}[L(\phi,y_{ij},z_{mj},r_{nj},s)]\} \tag{4-24}$$

约束条件为式(4-1)、式(4-5)～式(4-20)。

经过式(4-24) 变换，将原有模型不同量纲的三个目标函数用统一的量纲来表示，其实是将多目标决策问题转化为单目标决策问题。

定理 1：设 $\xi^{(s_1)}$ 为 $r^{(s)}$ 的最优解集，s_1 和 s_2 为某两个时刻，当 $r^{(s_1)}$ 与 $r^{(s_2)}$ 比较时，时刻 s_1 的实际贝叶斯风险为 $r_{\text{real}}^{(s_1)}=r^{(s_2)}[\xi^{(s_1)}]-\tau_1(s_2-s_1)H$。

决策规则：设 $s_{\max}$ 为最大观测时刻，s_1 和 s_2 为某两个时刻，那么决定最优停止观测时刻的决策规则如下。

步骤 1：初始化 s_1、s_2，设置 $s_1=1$ 和 $s_2=2$。

步骤 2：若 $s_2>s_{\max}$，则停止运算，并返回 $r^{(s_1)}$。如果 $s_2\leqslant s_{\max}$，则比较 $r_{\text{real}}^{(s_1)}$ 与 $r^{(s_2)}$：若 $r_{\text{real}}^{(s_1)}\leqslant r^{(s_2)}$，则转到步骤 3；若 $r_{\text{real}}^{(s_1)}>r^{(s_2)}$，则转到步骤 4。

步骤 3：设 $s_2=s_2+1$，转到步骤 2。

步骤 4：设 $s_1=s_1+1$，$s_2=s_1+1$，转到步骤 2。

4.6 算例分析

由第 3 章的案例可知，每个拟建配送中心的容量、固定建设成本、单位产品处理成本，从供应商到配送中心及从配送中心到零售商的单位运输成本，以及零售商对该快速时尚品在 10 天内的需求量均为已知数据。此外，对于该快速时尚品，假定退货中无缺陷产品占总需求量的比例为 20%，退货中缺陷产品占总需求量的比例为 5%，经过修复后的完好产品占缺陷产品的比例为 80%。回收及再配送过程中单位时尚品、单位距离的运输成本为 2 元，回收中心对预测在销售末期的存货和无缺陷产品的单位处理成本为 12 元，对缺陷产品的检测、修复等处理成本为 20 元，对无法修复产品的处理成本为 15 元。

当快速时尚品被正向配送到各零售店后，将第二阶段——反向回收/再配送

阶段分成 6 个观测时刻，分别对应快速时尚品 10 天生命周期的前 6 天（至少预留 4 天以保证产品回收/再配送活动所需的时间）。每个零售商需要在这 6 天通过观测产品库存水平从而对销售末期产品状态等信息进行预测分析，并做出选择，是要停止观测，进行回收/再配送活动，还是选择继续等待，观测并更新信息，并做出合理的回收中心选择以及物资回收/再配送等决策。

依据 3.5 节案例给出的各零售商对该快速时尚品在 10 天内的需求量历史数据，可计算求得各零售商在第一阶段，即正向配送阶段的总订购量，如表 4-1 所示。由于快速时尚品的实际销售受到诸多不确定因素的影响，波动较大，因而随机产生该快速时尚品在 10 天内实际销售量，如表 4-2 所示。由此可计算得出每个观测时刻的库存量（每天的库存量＝总订购量－累计销售量＋累计退货量），如表 4-3 所示。根据历史数据可知，当销售末期产品状态出现存货或缺货现象时，每天的库存水平发生的概率已知，见表 4-4，那么根据贝叶斯信息更新，可根据各零售店每天的库存水平来预测销售末期的产品状态，从而将原有的零售商分为存货零售商和缺货零售商，其位置坐标如图 4-3 所示，其中，黑色三角形代表存货零售商，空心点代表缺货零售商，灰色五角星代表备选的配送中心。此外，可计算得出在销售末期各个存货商的存货量以及缺货商的缺货量，见表 4-5 和表 4-6。

表 4-1 各零售商在第一阶段的总订购量 单位：件

零售商	1	2	3	4	5	6	7	8	9	10
总订购量	1144	995	782	918	826	1235	1002	941	707	1074
零售商	11	12	13	14	15	16	17	18	19	20
总订购量	1020	927	887	724	1175	1073	847	964	951	1193

表 4-2 各零售商在 10 天内销售快速时尚品的销售量 单位：件

零售商	第 1 天	第 2 天	第 3 天	第 4 天	第 5 天	第 6 天	第 7 天	第 8 天	第 9 天	第 10 天
1	85	156	51	36	130	117	81	70	165	103
2	19	85	45	145	136	109	90	30	86	177
3	120	19	134	95	128	174	74	118	178	118
4	95	54	169	31	190	53	153	53	79	31
5	140	31	69	69	42	64	126	9	154	40
6	140	57	157	122	142	24	155	151	80	82
7	128	89	136	39	48	188	187	49	162	150
8	7	106	2	148	24	130	195	89	152	166

续表

零售商	第 1 天	第 2 天	第 3 天	第 4 天	第 5 天	第 6 天	第 7 天	第 8 天	第 9 天	第 10 天
9	14	92	121	49	122	96	39	138	76	158
10	64	176	78	184	91	128	28	72	44	64
11	107	104	184	54	92	109	140	148	159	107
12	131	189	1	154	133	130	19	79	190	18
13	82	128	93	38	155	109	106	137	66	23
14	164	192	85	58	71	145	107	141	135	28
15	144	49	93	19	133	105	173	89	88	136
16	194	136	155	116	84	199	97	4	167	100
17	107	58	65	137	169	44	79	67	154	38
18	66	135	157	110	167	22	135	85	34	100
19	22	140	95	86	52	22	149	55	173	30
20	123	14	8	129	123	13	105	40	198	11

表 4-3　各零售商在每个观测时刻的库存量　　单位：件

零售商	第 1 天	第 2 天	第 3 天	第 4 天	第 5 天	第 6 天
1	1076	951	910	882	778	684
2	980	912	876	760	651	564
3	686	671	564	488	385	246
4	842	799	664	639	487	444
5	714	689	634	579	545	494
6	1123	1077	952	854	741	721
7	900	828	720	688	650	500
8	935	851	849	731	711	607
9	696	622	525	486	389	312
10	1023	882	820	672	600	497
11	934	851	704	661	587	500
12	822	671	670	547	441	337
13	821	719	645	614	490	403
14	593	439	371	325	268	152
15	1060	1021	946	931	825	741
16	918	809	685	592	525	366
17	761	715	663	553	418	383
18	911	803	678	590	456	438

续表

零售商	第 1 天	第 2 天	第 3 天	第 4 天	第 5 天	第 6 天
19	933	821	745	677	635	617
20	1095	1083	1077	974	875	865

表 4-4 当销售末期出现存货或缺货现象时不同观测时刻下库存水平发生的概率

1	2	3	4	5	6	存货	缺货
[500,700]	[400,600]	[300,500]	[250,450]	[150,350]	[100,300]	0.2	0.8
[700,900]	[600,800]	[500,700]	[450,650]	[350,550]	[300,500]	0.45	0.55
[900,1100]	[800,1000]	[700,900]	[650,850]	[550,750]	[500,700]	0.6	0.4
[1100,1300]	[1000,1200]	[900,1100]	[850,1050]	[750,950]	[700,900]	0.85	0.15

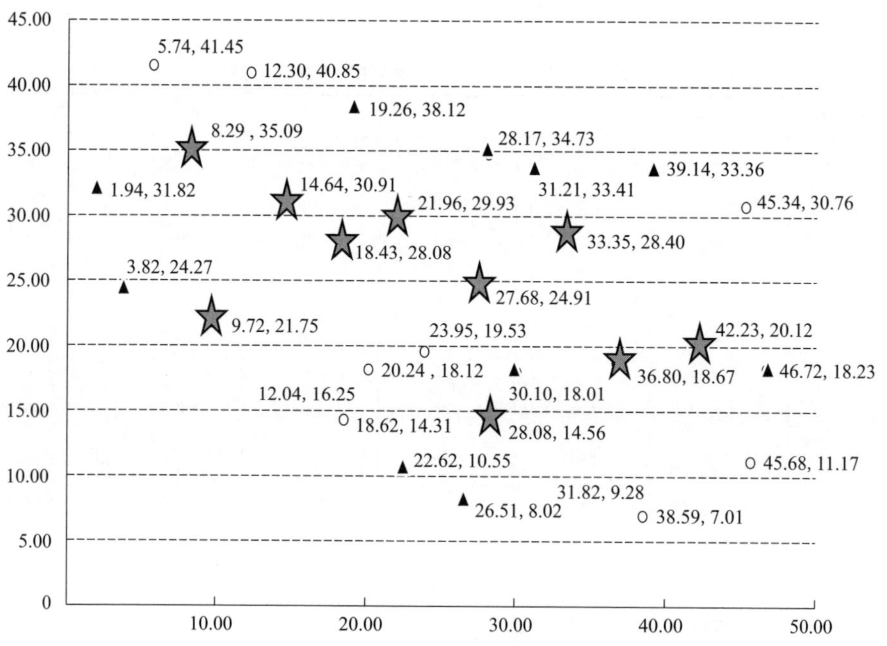

图 4-3 快速时尚品存货商与缺货商的位置布局

表 4-5 预测在销售末期存货商的存货量 单位：件

存货商	1	2	3	4	5	6	7	8	9	10	11	12
存货量	114	121	120	91	113	73	117	62	82	63	67	126

表 4-6　预测在销售末期缺货商的缺货量　　单位：件

缺货商	1	2	3	4	5	6	7	8
缺货量	320	182	245	153	194	288	227	230

运用本章 4.3 节和 4.4 节提出的方法及模型进行预测计算，将上述计算得到的销售末期存货商的存货量及缺货商的缺货量等数据代入模型计算，可得出考虑回收的快速时尚品配送网络总成本为 202530 万元，其中建设配送中心的成本为 2352 万元，配送中心的处理成本为 387.66 万元，从供应商运送到配送中心的运输成本为 128380 万元，从配送中心运送到零售商的运输成本 69984.26 万元；从存货商运送到回收中心的运输成本为 5.78 万元，回收中心处理回收产品的成本为 578.52 万元，从回收中心配送到缺货零售商的再配送成本为 266.14 万元。

如图 4-4 所示，在考虑回收的快速时尚品配送网络最优计算结果中，所选的正向配送中心序号为 1、3、6、7，其能级均为 3。其中配送中心 1 负责配送零售商 1 的时尚品，配送中心 3 负责配送零售商 2、3、4、5、9、11 的时尚品，配送中心 6 负责配送零售商 6、15 的时尚品，配送中心 7 负责配送零售商 7、8、10、12～14、16～20 的时尚品。

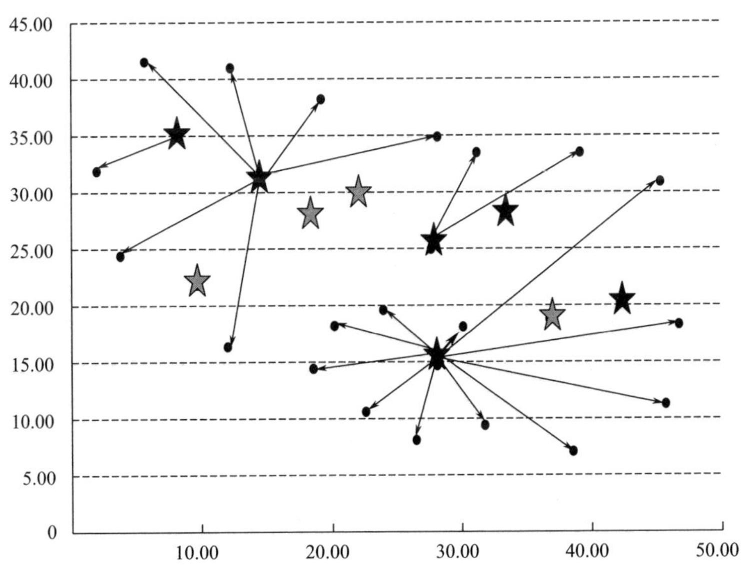

图 4-4　考虑回收的快速时尚品正向配送网络优化结果

如图 4-5 所示，配送中心 1、3、6～8、10 作为回收中心负责时尚品的回收和再配送活动，其能级均为 3。其中，回收中心 1 负责回收存货商 1、2 的时尚品，回收中心 3 负责回收存货商 3、5 的时尚品，回收中心 6 负责回收存货商 6、7 的时尚品，回收中心 7 负责回收存货商 10、11 的时尚品，回收中心 8 负责回收存货商 4、9 的时尚品，回收中心 10 负责 8、12 的时尚品。同时，回收中心 1 将时尚品再次配送到缺货零售商 1、2，回收中心 7 将时尚品再次配送到缺货零售商 3～5，回收中心 10 将时尚品再次配送到缺货零售商 6～8。

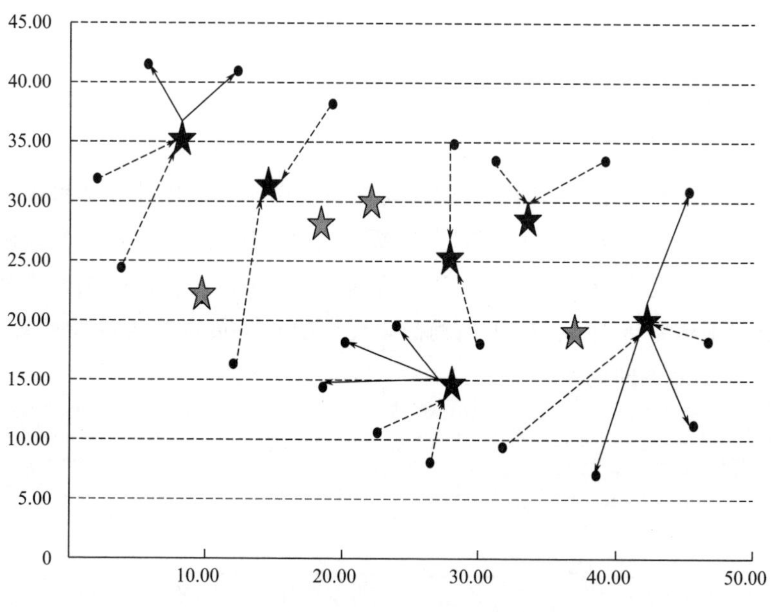

图 4-5　回收/再配送网络优化结果

在上述网络结构基础上，考虑实际运营过程中，由于市场的不确定性，需求量、回收/再配送中的单位运输成本等关键参数会发生变化，因此决策者需要针对变化做相应调整。本书设计了如表 4-7 所示的 2 个实验，分别针对模型中变量对网络的影响进行研究。

表 4-7　实验配置

实验序号	场景	模型调整和分析过程
1	分析需求量 u_{it} 变化对网络的影响	(1)保持建设成本的权重 λ 和运输成本的权重 θ 为 0.5 不变 (2)调节 u_{it} 的大小，使 $u_{it} \in [0.2u_{it}, 2u_{it}]$ (3)实验结果见表 4-8 (4)分析实验结果

续表

实验序号	场景	模型调整和分析过程
2	分析回收/再配送中单位运输成本 c_3 变化对网络的影响	(1)保持建设成本的权重 λ 和运输成本的权重 θ 为 0.5 不变 (2)按照−75%、−50%、−25%、25%、50%、75%、100%调节单位运输成本的大小 (3)实验结果见表 4-9 (4)分析实验结果

表 4-8　需求量 u_{it} 变化对快速时尚品配送网络的影响　　单位：%

成本	流量变化								
	0.2	0.4	0.6	0.8	1.2	1.4	1.6	1.8	2
总成本	−78.53	−58.87	−39.25	−19.62	19.63	39.22	58.89	78.48	98.11
总处理成本	−32.11	−24.07	−16.05	−8.02	8.02	16.03	25.04	32.09	40.11
总运输成本	−79.68	−59.73	−39.83	−19.91	19.92	39.80	59.76	79.63	99.56

表 4-9　回收/再配送中单位运输成本 c_3 变化对网络的影响　　单位：%

成本	c_3 变化						
	−75%	−50%	−25%	25%	50%	75%	100%
总成本	−0.53	−0.35	−0.18	0.16	0.31	0.47	0.62
总建设成本	0	0	0	7.14	7.14	7.14	7.14
总处理成本	−44.87	−29.91	−14.96	4.35	17.19	30.03	42.86
总运输成本	−0.32	−0.21	−0.11	0.05	0.15	0.25	0.34

由灵敏度分析可知：实验 1 中零售商需求量变化对考虑回收的快速时尚品配送网络的影响较大，当 $u_{it}\in[0.2u_{it},2u_{it}]$时，需求量变化对总成本和运输成本均有明显影响，对总处理成本也有一定影响，而对建设成本的影响几乎没有。实验 2 回收/再配送过程中单位运输成本的变化对处理成本影响较大，对运输成本、建设成本和总成本的影响较小。因此，为了降低配送网络各项成本，有必要寻找替代运输工具以降低单位运输成本，同时提高配送中心管理水平和运作效率，高效利用枢纽点容量能力，增加货物中转量以满足需求。

时效产品具有的短周期、易逝性等特征，使其一旦超过保质期限或销售期限，产品的使用价值便迅速下降甚至为零。在这种情形下，如果零售商能够在时效产品整个生命周期内对其进行及时准确的需求预测，从而将多余的存货量提前调往配送中心，再由配送中心运送到即将缺货零售店，那么这将成为平衡供需矛盾、降低时效产品成本和销售风险的一种重要途径。此外，目前时效产品市场上存在非常普遍的退货现象，而无缺陷退货更是因其具有较好的再利用价值和长远意义受到广泛关注。

本章通过分析回收的意义、回收的特点以及对时效产品配送网络的影响，将贝叶斯信息更新引入时效产品配送网络研究中来，零售商可通过观测时效产品生命周期每个时刻的销售量、库存量、退货量等信息，预测时效产品销售末期的产品状态，并在合适的时刻做出回收等决策。在此基础上，针对问题特征构建了考虑回收的时效产品配送网络研究，以实现正向配送、反向回收/再配送在内的网络总成本最小及总时间最少，设计贝叶斯风险函数对模型进行转化求解，最后运用算例验证模型方法，并得出时效产品正向配送、反向回收/再配送网络的配送中心（回收中心）选址及流量分配等决策。

第5章 考虑调货的时效产品配送网络优化研究

5.1 问题的提出
5.2 考虑调货的特点及对时效产品配送网络的影响
5.3 数学模型
5.4 算例分析

5.1 问题的提出

随着市场竞争的加剧和顾客需求的个性化，越来越多的产品具有了时效产品的特征。该类产品的市场需求具有高度的不确定性，其生命周期较短，当销售季节过后其残值较低，这些因素的综合作用，使得零售商面临着巨大的销售风险。服装、高科技等产品的生产一般需要很长的提前期，且产品生产需要在销售季节开始前完成，然而，这些时效产品的销售又通常集中在一个较短的时间段。因此，时效产品的销售很容易出现产品过剩或供不应求的情形，从而造成社会资源的大量浪费。

为了规避该类风险，在时效产品的销售过程中，零售商之间通常存在着横向调货行为，即销售同种产品的零售商，在其向上游供应商订货量已定的情况下，经过一定时期的市场销售，随着其对市场需求预测的进一步精确化，采取向处于同级的零售商调出或调入的行为。通常，销售能力较差的零售商为降低库存剩余风险，会把部分库存调出给其他零售商；而销售能力较强的零售商则为了获取更多利润、满足顾客需求从而调入更多产品。这种现象在计算机、时装、报纸等市场需求高度波动的行业普遍存在，实证研究表明：对存货零售商而言，转移不必要的库存会降低 15%～20%的运营成本，对缺货零售商而言，通过调货所满足的需求将减少 75%的机会损失[74,75]。因此，对零售商之间的横向调货行为的研究具有重要的理论意义和现实意义。本章的研究框架如图 5-1 所示。

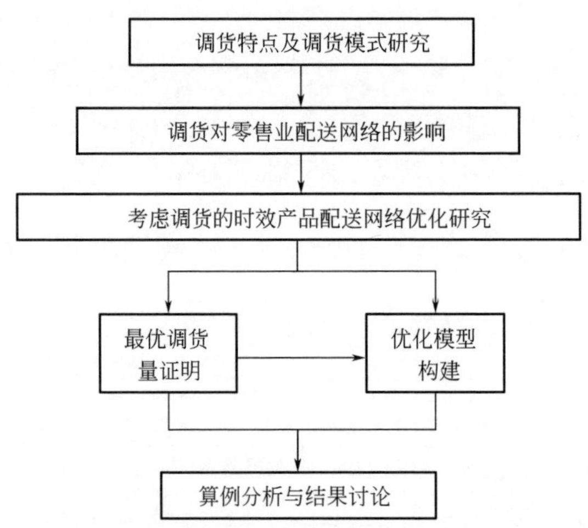

图 5-1　考虑调货的时效产品配送网络研究框架

5.2 考虑调货的特点及对时效产品配送网络的影响

调货策略是指为了降低缺货风险，库存充足的零售商将一部分库存转移给缺货零售商的合作行为。由于会产生额外的运输成本，横向调货策略主要用于比较昂贵的产品，如高科技、时尚服装等时效产品，其应用对象主要面向地理位置比较近的零售商，特别适合供应商距离零售商较远的情形[74]。

在商品的供求关系中，最理想的情形是供应和需求相匹配，这里，供应和需求包含两个层面，一是供应商能够满足零售商的需求；二是零售商能够满足消费者的需求。实际上，零售商面对的是一个动态变化的环境，顾客到达时间、次数和每次顾客的需求都是不确定的，极有可能在销售末期出现某些零售商缺货，而另一些零售商有剩余存货的现象。在这种情形下，调货是一种既可以降低存货零售商风险，又可以增加缺货零售商利润的好方法，因而能够有效平衡需求、节约成本和改进服务水平。

调货的模式多种多样，按照不同的标准有不同的调货模式。如依据零售商之间的关系属性，可分为同质性零售商之间的调货，以及异质性零售商间的调货。同质性零售商通常假设各零售商通过采购联盟统一协调，实现联合采购，享受供应商所提供的数量折扣等协调契约策略[73]。然而，实际中由于各成员之间的供给与需求信息不一定会高度共享，因此，异质性零售商之间的调货也普遍存在，即各个零售商独立做出决策来进行调货。此外，现实中还存在大型零售商与小型零售商之间的调货模式，以降低销售风险，实现剩余利润最大化。大型零售商可依据其较为精确的市场需求和库存剩余寻求产品的转移，小型零售商通常受其资金和库存能力等影响，其订货量较小，通常会在产品的销售期以相对批发价较高的价格购买大型零售商的产品用以销售。由于目标市场的差异化，大型零售商与小型零售商相互竞争程度较弱，因此其合作调货的可能性较大[77]。

目前大多数有关调货的研究只解决了两个或多个零售商之间的调货决策问题，从本质上来讲，这属于个体决策范畴，没有将个体决策与时效产品配送网络整体优化联系起来，而且，个体的最优决策不一定会导致整体网络的最优。在现实生活中，考虑调货的时效产品配送网络必然是一个同时包含个体决策和整体优化的复杂系统。因此，本书致力于为时效产品个体决策和网络整体优化之间搭建桥梁，一方面，利用博弈论基本理论探究任意两个零售商之间的最优调货量和调货价格；另一方面，将个体最优决策融入时效产品配送网络整体优化设计中，通过不断协调个体决策和网络选址、分配等，解决个体决策和网络整体优化之间的矛盾，从而实现个体决策和网络整体优化双赢的目标。

5.3 数学模型

本节首先研究由任意两个零售商组成的单一时效产品的供应链横向协调调货系统，零售商仅向供应商订货一次。零售商在订货期初时采取独立订货，其订货量分别为 q_1 和 q_2。受零售商产品销售能力的影响，在订货后的订货调整期某一时刻 t，双方根据 t 时刻接受客户订单情况和后期市场不确定需求下的期望收益将可能发生调货行为，其协调调货量为 Δq，调货价格为 Δp。为简化问题便于计算，假设零售商 1 是存货零售商，零售商 2 是缺货零售商，由零售商 2 向零售商 1 提出协调调货要求，即时效产品是从零售商 1 运往零售商 2。

5.3.1 模型假设

① 时效产品的订货成本、残缺价格、机会成本单位损失、产品市场销售价格均为外生变量。

② $G(x)$、$F(x)$ 分别为存货零售商和缺货零售商的市场需求概率分布函数，均为单调递增，且分布函数二阶可导，其概率密度函数始终为正。

5.3.2 符号说明

(1) 参数

p	单位产品的零售价格
v	单位产品的残余值
g_r	单位产品的零售机会损失
$G(x)$	零售商 1 的预知市场需求分布函数
$F(x)$	零售商 2 的预知市场需求分布函数
u_i	零售商 i 对市场期望需求
$S_g(q_1)$	零售商 1 在 $G(x)$ 市场需求分布下的期望销售量
$S_f(q_2)$	零售商 2 在 $F(x)$ 市场需求分布下的期望销售量
c_{ri}	零售商 i 单位订货成本和单位订货价格等成本和

q_i	零售商 i 向供应商期初的订货量
q_{it}	零售商 i 在订货期的 t 时刻的客户订货量
c_4	调货过程中单位产品单位距离的运输成本
d_5	存货零售商在调货中对单位产品的处理成本
l_{mn}	存货零售商 m 与缺货零售商 n 之间的距离
δ	实际调货量与最优调货量的惩罚系数

(2) 决策变量

w	调货价格
Δq	调货量
w^*	最优调货价格
Δq^{*1}	存货商 1 的最优调货量
Δq^{*2}	缺货商 2 的最优调货量
π_{ri}	零售商 i 的期望收益
x_j^e	0-1 变量，如果在备选配送中心 j 处建立能级为 e 的枢纽则为 1，否则为 0
y_{ij}	0-1 变量，如果零售商 i 分配给所选的配送中心 j 则为 1，否则为 0
y_{jj}	0-1 变量，如果备选配送中心 j 被选为枢纽点则为 1，否则为 0
h_{mn}	0-1 变量，如果缺货零售商 n 从存货零售商 m 调货则为 1，否则为 0
Δq_{mn}^*	从存货零售商 m 到缺货零售商 n 的最优调货量
Δq_{mn}	从存货零售商 m 到缺货零售商 n 的实际调货量

5.3.3 最优调货量证明

假设由零售商 2 向零售商 1 提出协调调货要求，即时效产品是从零售商 1 运送到零售商 2。那么在零售商 1 的期望利润中，收入包括销售收入、调货收入、剩余产品期望收入、剩余产品残值，成本包括订货成本和机会成本；在零售商 2 期望利润中，收入包括销售收入、剩余产品期望收入、剩余产品残值，成本包括订货成本、调货成本和机会成本。具体表达式如下。

$$\pi_{r1}(w,\Delta q)=pq_{1t}+w\Delta q+(p-v+g_r)S_g(q_1-q_{1t}-\Delta q)-c_{ri}q_i+ \\ v(q_1-q_{1t}-\Delta q)-g_r u_1 \tag{5-1}$$

$$\pi_{r2}(w,\Delta q)=pq_{2t}-w\Delta q+(p-v+g_r)S_f(q_2-q_{2t}-\Delta q)-c_{r2}q_2+$$

$$v(q_2-q_{2t}-\Delta q)-g_r u_2 \tag{5-2}$$

式中，$S_g(q)=q[1-G(q)]$。

对零售商 1，因为 $S(q)$ 二阶可导，为实现自身利润最大化，对 $\pi_{r1}(w,\Delta q)$ 求关于 Δq 的导数有

$$\begin{aligned}\frac{\partial \pi_{r1}(w,\Delta q)}{\partial \Delta q}&=w+(p-v+g_r)[S_g(q_1-q_{1t}-\Delta q)]'-v\\&=(w-v)+(p-v+g_r)[-1+G(q_1-q_{1t}-\Delta q)]\end{aligned} \tag{5-3}$$

$$\frac{\partial \pi_{r1}(w,\Delta q)}{\partial \Delta q^2}=-(p-v+g_r)g(q_1-q_{1t}-\Delta q)\leqslant 0 \tag{5-4}$$

所以 $\pi_{r1}(w,\Delta q)$ 为凹函数，即存在最优解，由 $\frac{\partial \pi_{r1}(w,\Delta q)}{\partial \Delta q}=0$ 可得出零售商 1 最优调货量为

$$\Delta q^{*1}(w)=q_1-q_{1t}-G^{-1}\left(1-\frac{w-v}{p-v+g_r}\right) \tag{5-5}$$

同理，零售商 2 的收益函数也为凹函数，其最优调货量为

$$\Delta q^{*2}(w)=F^{-1}\left(1-\frac{w-v}{p-v+g_r}\right)-(q_2-q_{2t}) \tag{5-6}$$

定理 1：当 $F^{-1}\left(1-\frac{g_r-v}{p-v+g_r}\right)+G^{-1}\left(1-\frac{g_r-v}{p-v+g_r}\right)\leqslant(q_1-q_{1t})+(q_2-q_{2t})$ 时。零售商各最优调货量相等时调货价格存在，且唯一，即存在且只存在 w^* 满足 $\Delta q^{*1}(w^*)=\Delta q^{*2}(w^*)$。

证明：要使 $\Delta q^{*1}(w^*)=\Delta q^{*2}(w^*)$，即要证明存在 w^* 且满足

$$(q_1-q_{1t})-G^{-1}\left(1-\frac{w^*-v}{p-v+g_r}\right)=F^{-1}\left(1-\frac{w^*-v}{p-v+g_r}\right)-(q_2-q_{2t})$$

即也满足

$$F^{-1}\left(1-\frac{w^*-v}{p-v+g_r}\right)+G^{-1}\left(1-\frac{w^*-v}{p-v+g_r}\right)=(q_1-q_{1t})+(q_2-q_{2t})$$

令 $h(w)=F^{-1}\left(1-\frac{w-v}{p-v+g_r}\right)+G^{-1}\left(1-\frac{w-v}{p-v+g_r}\right)$，则由 $G(x)$、$F(x)$ 的单调性可知，$h(w)$ 关于 w 单调递减。

当 $w=g_r$ 时，由已知可得

$$h(v)=F^{-1}\left(1-\frac{g_r-v}{p-v+g_r}\right)+G^{-1}\left(1-\frac{g_r-v}{p-v+g_r}\right)\leqslant(q_1-q_{1t})+(q_2-q_{2t}) \tag{5-7}$$

即满足

$$(q_1-q_{1t})-G^{-1}\left(1-\frac{g_r-v}{p-v+g_r}\right)\geqslant F^{-1}\left(1-\frac{g_r-v}{p-v+g_r}\right)-(q_2-q_{2t})$$

等价于 $\Delta q^{*1}(g_r)\geqslant\Delta q^{*2}(g_r)$。

当 $w=v$ 时，由式(5-5) 和式(5-6) 分别得：$\Delta q^{*1}(v)\leqslant 0,\Delta q^{*2}(v)=+\infty$。显然有：$\Delta q^{*1}(v)\leqslant\Delta q^{*2}(v)$。

结合 $\Delta q^{*1}(w)$、$\Delta q^{*2}(w)$ 是关于 w 的单调增（减）函数可知，存在 w^* 满足 $\Delta q^{*1}(w^*)=\Delta q^{*2}(w^*)$。

定理 2：订货期零售商之间调货策略存在且仅存在一个纯策略纳什均衡。证明见定理 1。

引理 1：零售商 1 的期望最佳调货量是调货价格的增函数，是已售产品量的减函数。零售商 2 的期望最佳调货量是调货价格的减函数，是已售产品量的增函数。

5.3.4 模型构建

上述基于博弈论的最优调货模型属于个体之间的决策模型，在计算最优调货量及调货价格的过程中仅仅考虑了两个决策主体的各项成本、收入及利润等因素，而个体之间的最优调货量并不一定会导致时效产品配送网络整体最优化。因此，本书考虑将零售商之间的个体决策融入时效产品整体网络优化中，通过引入罚函数来度量最优调货量与实际调货量之间的差量，并构建考虑调货的时效产品配送网络优化模型，不断迭代计算，从而在个体决策与整体优化之间寻求平衡。

本节构建的考虑调货的时效产品配送网络优化模型，其目标函数包括正向配送以及横向调货在内的网络总成本最小。其中正向配送子网络成本包括建设成本、运营成本以及正向配送成本，如式(5-8) 所示；横向调货子网络成本包括调货运输成本、处理成本及惩罚成本，如式(5-9) 所示。

$$\min f_1 = \sum_{j=1}^{J}\sum_{e=1}^{E} F_j^e x_j^e + \sum_{j=1}^{J}\sum_{t=1}^{T} d_1 O_{jt} y_{ij} + \sum_{j=1}^{J}\sum_{t=1}^{T} c_1 \left(\sum_{i=1}^{I} u_{it} y_{ij}\right) l_j + \sum_{j=1}^{J}\sum_{t=1}^{T} c_2 u_{it} y_{ij} l_{ij} \tag{5-8}$$

$$\min f_2 = \sum_{n=1}^{N}\sum_{m=1}^{M}\sum_{\phi=1}^{\Omega} p_s^{\phi} c_4 \Delta q_{mn} l_{mn} h_{mn} + \sum_{m=1}^{M}\sum_{j=1}^{J}\sum_{\phi=1}^{\Omega} p_s^{\phi} d_5 \Delta q_{mn} h_{mn} + \sum_{m=1}^{M}\sum_{j=1}^{J}\sum_{\phi=1}^{\Omega} p_s^{\phi} \delta \left| \Delta q_{mn} - \Delta q_{mn}^{*} \right| \tag{5-9}$$

$$\sum_{j=1}^{J} y_{ij} = 1, \quad \forall i \in I \tag{5-10}$$

$$y_{ij} \leqslant y_{jj}, \quad \forall i \in I, \forall j \in J \tag{5-11}$$

$$\sum_{e=1}^{E} x_j^e \leqslant 1, \quad \forall j \in J \tag{5-12}$$

$$O_{jt} \leqslant \sum_{e=1}^{E} T_j^e x_j^e, \quad \forall j \in J, \forall t \in T \tag{5-13}$$

$$y_{ij} \in \{0,1\}, \quad \forall i \in I, \forall j \in J \tag{5-14}$$

$$x_j \in \{0,1\}, \quad \forall i \in I, \tag{5-15}$$

$$\sum_{m=1}^{M} h_{mn} \geqslant 1, \quad \forall n \in N \tag{5-16}$$

$$\sum_{m=1}^{M} \Delta q_{mn} h_{mn} = \mu_n^{\phi}, \quad \forall n \in N \tag{5-17}$$

$$\Delta q_{mn} \leqslant \tilde{\omega}_m^{\phi} + \alpha Q_m, \quad \forall m \in M \tag{5-18}$$

$$A \leqslant \sum_{j=1}^{J}\sum_{i=1}^{I} (l_j + l_{ij}) y_{ij} / 24v + \sum_{n=1}^{N}\sum_{m=1}^{M}\sum_{j=1}^{J} l_{mn} h_{mn} 24/v \leqslant B \tag{5-19}$$

$$h_{mn} \in \{0,1\}, \qquad \forall m \in M, \forall n \in N \tag{5-20}$$

约束条件式(5-10) 表示每个零售商只能选择一个配送中心；式(5-11) 表示选择的配送中心必须是已开设的；式(5-12) 表示每个配送中心只能选择一个容量能级；式(5-13) 表示每天每个配送中心处理的产品总量不能超过其最大容量；式(5-14) 和式(5-15) 表示正向配送决策变量。约束条件式(5-16) 表示对每个缺货商而言，至少保证从一个存货零售商进行调货；式(5-17) 表示实际调货满足缺货量；式(5-18) 表示每个存货商实际调货的数量应小于其拥有的完好产品数量；式(5-19) 表示整个正向配送、横向调货周期内的时间约束；式(5-20) 表示横向调货决策变量。

5.4 算例分析

本节考虑调货的快速时尚品配送网络包括 1 个供应商、20 个零售商、10 个备选的配送中心，其初始网络及已知数据详见 3.5 节案例分析及 4.6 节算例分析。此外，假定该快速时尚品的单件销售价格是 100 元，销售期结束后的单件产品残值为 20 元，单件时尚品的机会损失成本为 120 元，零售商的单位订货成本为 70 元，调货过程中单件时尚品的运输成本为 3 元，存货商在调货中对单件产品的处理成本为 20 元，单件时尚品的惩罚系数为 10 元。期初订货量依据以往历史销售数据统计可得，假定零售商实际市场需求服从多项式或正态分布。

首先，依据第 4 章提出的贝叶斯信息更新可将原有零售商分为存货零售商和缺货零售商，同时预测得出在销售末期存货商的存货量和缺货商的缺货量，如表 5-1 和表 5-2 所示。

表 5-1 在销售末期预测存货商的存货量 单位：件

存货商	1	2	3	4	5	6	7	8	9	10	11	12
存货量	114	121	120	91	113	73	117	62	82	63	67	126

表 5-2 在销售末期预测缺货商的缺货量 单位：件

缺货商	1	2	3	4	5	6	7	8
缺货量	320	182	245	153	194	288	227	230

其次，根据 5.3.3 小节最优调货量公式来计算任意两个零售商之间的最优调货量，对存货商来说，设 $G(x)=-(x-7)^2+140$。对于缺货商，设 $F(x)=-(x-6)^2+150$。零售商独立决策时，不同订货价格下零售商利润将发生变化。这样，通过设定不同存货商与缺货商的需求函数公式，并利用已知的参数，可计算得出任意两个存货商与缺货商之间的最优调货量，如表 5-3 所示。

表 5-3　存货商与缺货商之间的最优调货量　　单位：件

存货商	缺货商							
	1	2	3	4	5	6	7	8
1	292	185	113	256	228	169	164	148
2	297	162	164	185	292	256	257	284
3	246	132	206	118	148	235	194	154
4	169	135	231	153	235	101	107	253
5	217	185	181	130	158	221	135	137
6	121	118	264	156	235	177	245	157
7	282	220	244	188	239	284	195	118
8	276	194	294	205	113	100	130	215
9	264	239	206	191	151	192	168	237
10	152	240	165	275	145	185	222	209
11	219	228	121	204	234	192	138	185
12	104	106	222	289	269	254	248	229

由于以上计算最优调货量及调货价格的过程中仅仅考虑了两个决策主体的各项成本、收入及利润等因素，而个体的最优调货量并不一定会导致快速时尚品整体配送网络最优化。因此，本书还需要将上述计算得出的零售商之间的最优调货量代入快速时尚品整体网络优化模型中计算，通过不断迭代计算，从而得出考虑调货的快速时尚品正向配送、横向调货网络结构中枢纽选址、流量分配及调货情况图，如图 5-2 和图 5-3 所示，实现了个体决策与网络整体优化之间的平衡。

运用 5.3.4 小节构建的考虑调货的快速时尚品配送网络优化模型，可计算得出该网络的总成本为 234490 万元，其中建设配送中心的成本为 1120 万元，正向配送处理成本为 387.66 万元，时效产品从供应商运输到配送中心的运输成本为 131800 万元，从配送中心运输到零售商的运输成本为 100820 万元；存货商与缺货商之间的调货运输成本为 333.6 万元，存货商的调货处理成本为 3.68 万元，惩罚成本为 17.05 万元。

在图 5-2 中，考虑调货的时效时尚品正向配送网络，所选的配送中心序号为 1、3、6、7，其能级均为 1。其中配送中心 1 负责配送零售商 1 的时尚品，配送中心 3 负责配送零售商 2～5、9 的时尚品，配送中心 6 负责配送零售商 6、11、14、15 的时尚品，配送中心 7 负责配送零售商 7、8、10～13、16～20 的时尚品。

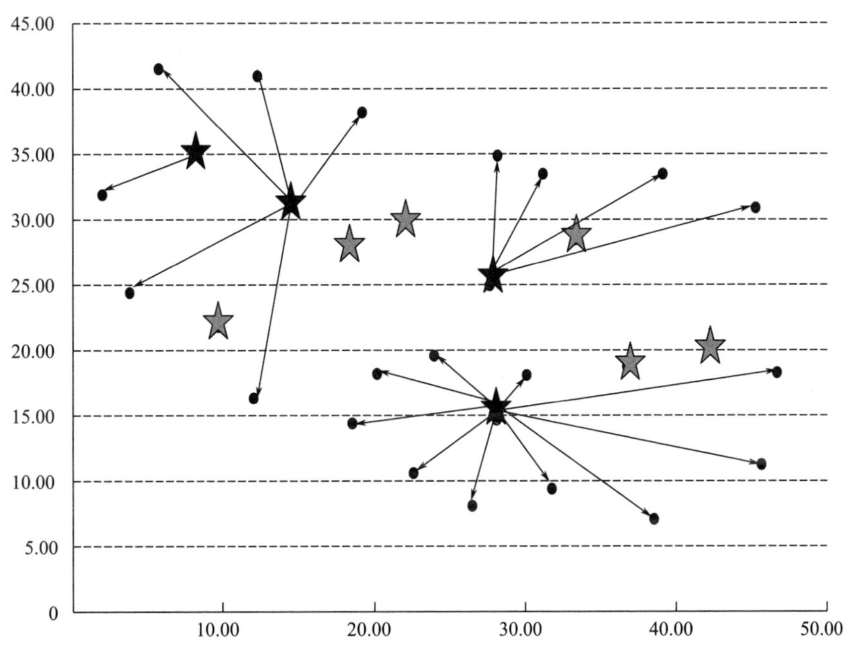

图 5-2　考虑调货的快速时尚品正向配送网络结构

从图 5-3 所示的存货商与缺货商之间的调货分配情况，以及表 5-4 所示的实际调货量可知，零售商之间的具体调货情况为，存货商 1 将 320 件时尚品调货到缺货商 1，存货商 5 将 182 件时尚品调货到缺货商 2，存货商 3、10 分别将 100 件、145 件时尚品调货到缺货商 3，存货商 10 将 153 件时尚品调货到缺货商 4，存货商 7 将 194 件时尚品调货到缺货商 5，存货商 9、12 分别将 238 件、50 件时尚品调货到缺货商 6，存货商 8 将 227 件时尚品调货到缺货商 7，存货商 12 将 230 件时尚品调货到缺货商 8。

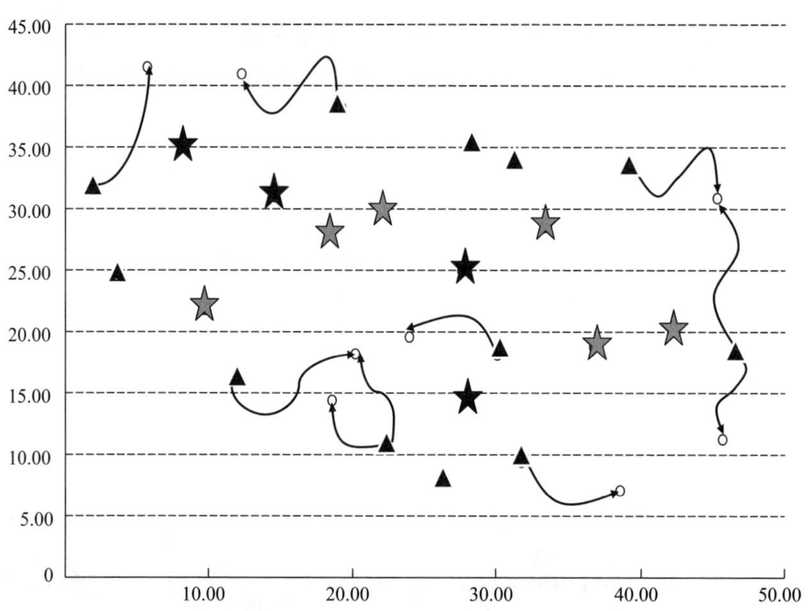

图 5-3 存货商与缺货商之间的调货分配情况

表 5-4 存货零售商与缺货零售商之间的实际调货量 单位：件

存货商	缺货商							
	1	2	3	4	5	6	7	8
1	320	0	0	0	0	0	0	0
2	0	0	0	0	0	0	0	0
3	0	0	100	0	0	0	0	0
4	0	0	0	0	0	0	0	0
5	0	182	0	0	0	0	0	0
6	0	0	0	0	0	0	0	0
7	0	0	0	0	194	0	0	0
8	0	0	0	0	0	0	227	0
9	0	0	0	0	0	238	0	0
10	0	0	145	153	0	0	0	0
11	0	0	0	0	0	0	0	0
12	0	0	0	0	0	50	0	230

在上述计算得出的网络结构基础上，考虑实际运营过程中，由于外界环境的不确定性，惩罚系数、单位产品的调货运输成本等关键因素会发生变化，因此决

策者需要针对参数变化做相应调整。本书设计了如表5-5所示的2个实验，分别针对模型中变量对快速时尚品配送网络的影响进行研究。

表5-5 实验配置

实验序号	场景	模型调整和分析过程
1	分析惩罚系数 δ 变化对网络的影响	(1)保持建设成本的权重 λ 和运输成本的权重 θ 为0.5不变 (2)调节 δ 的大小,使 $\delta\in[0.2\delta,2\delta]$ (3)实验结果见表5-6 (4)分析实验结果。
2	分析单位产品的调货运输成本变化对网络的影响	(1)保持建设成本的权重 λ 和运输成本的权重 θ 为0.5不变 (2)按照−75%、−50%、−25%、25%、50%、75%调节单位产品的调货运输成本的大小 (3)实验结果见表5-7 (4)分析实验结果

表5-6 惩罚系数变化对快速时尚品配送网络的影响

惩罚系数	总成本	总建设成本	总运输成本	总处理成本	惩罚成本
0.2	2344800000	11200000	2329536000	3913380	34094
0.4	2344800000	11200000	2329536000	3913380	68188
0.6	2344800000	11200000	2329536000	3913380	102282
0.8	2344900000	11200000	2329536000	3913380	136376
1	2344900000	11200000	2329536000	3913380	170470
1.2	2344900000	11200000	2329536000	3913380	204564
1.4	2345000000	11200000	2329536000	3913380	238658
1.6	2345000000	11200000	2329536000	3913380	272752
1.8	2345000000	11200000	2329536000	3913380	306846
2	2345100000	11200000	2329536000	3913380	340940

表5-7 分析单位产品的调货运输成本变化对网络的影响 单位：%

成本	单位调货运输成本					
	−75%	−50%	−25%	25%	50%	75%
总成本	−34.77	−22.44	−10.93	10.70	21.25	30.70
总建设成本	−50.00	−50.00	0.00	0.00	25.00	25.00
总运输成本	−34.76	−22.35	−11.00	10.77	21.27	30.79

由灵敏度分析可知：实验1中惩罚系数变化对考虑调货的快速时尚品配送网络的影响不太大，当 $\delta\in[0.2\delta,2\delta]$ 时，δ 变化对惩罚成本有很明显的影响，对总成本有一定程度的影响，而对运输成本、建设成本及处理成本几乎没有影响。

这说明惩罚的力度不够，个体的决策并没有影响到整体网络的选址及分配情况。实验 2 中单位产品调货运输成本的变化对总运输成本和总成本影响较大，且影响程度较一致，而对建设成本有一定范围的影响。

零售商之间的调货现象在计算机、时装、报纸等市场需求高度波动的行业普遍存在，通过调货能够有效实现平衡产品市场需求，降低库存剩余的零售商的库存风险，增加库存短缺的零售商的销售利润，最大化满足市场需求。然而目前大多数有关调货的研究只解决了零售商之间的个体调货决策问题，没有将个体决策与网络整体优化联系起来，而且，个体的最优决策也不一定会导致整体网络的最优。

因此，本章通过分析调货的意义、特点及对时效产品配送网络的影响，将零售商之间的调货决策引入时效产品配送网络整体优化研究中。一方面，利用博弈论基本理论构建模型探究任意两个零售商之间的最优调货量和调货价格；另一方面，将个体最优决策融入时效产品配送网络整体优化设计中，构建了考虑调货的时效产品配送网络优化模型，不断协调个体决策和网络选址、分配等关系，解决个体决策和网络整体优化之间的矛盾。最后以算例为例验证模型与算法，并得出了时效产品正向配送、横向调货网络的配送中心选址及流量分配等决策，以及惩罚系数、单位产品的调货运输成本等关键参数变化对时效产品配送网络的影响，从而实现个体决策和网络整体优化双赢的目标。

第 6 章

考虑多变量决策的时效产品配送网络集成优化研究

6.1 考虑多变量决策对时效产品配送网络的影响

6.2 问题描述

6.3 数学模型

6.4 非线性变换设计

6.5 算例分析

6.1 考虑多变量决策对时效产品配送网络的影响

实际生活中，时效产品配送网络的设计及优化是一个复杂的系统构建过程。时效产品配送网络由供应商、零售商、配送中心及消费者等构成，每个成员都有不同的利益和优化目标，这些个体优化目标往往与系统整体优化目标相冲突。影响时效产品配送网络的变量和因素很多，导致时效产品配送网络的设计及优化较为复杂，其复杂性主要体现在以下几个方面。

首先，相对于一般产品而言，时效产品具有短周期、时间响应强、需求波动大、销售风险大、销售末期产品残值低等特征，且不同的时效产品，如易腐品、时尚品、高科技产品等具有不同的生命周期和价值函数。这些特征决定了在构建时效产品配送网络时，不能像分析普通产品一样，而要结合每种时效产品的特征以及其独特的产品生命周期、价值函数来进行研究。

其次，时效产品的生命周期经历了零售商订货、供应商送货到配送中心、配送中心配货到零售商、零售商销售产品等活动过程。在零售商销售产品的过程中，由于产品易逝性等特征、消费者心理偏好不同、竞争对手能力强弱等原因导致市场需求不确定，在销售末期极易出现供需不平衡的问题，有些零售商有大量存货，而另一些零售商却存在缺货的现象。为了避免这种情况出现，零售商需要根据产品销售量、库存量等信息对各个零售商销售末期的时效产品状态、存货量、缺货量等进行预测分析。同时，零售商可采取回收、调货、价格等多种策略来平衡需求、降低风险，这就使原有的正向配送活动中出现了回收、调货等多种流向的活动，那么决策者在构建时效产品网络时不仅要考虑正向配送网络，还要充分考虑到反向回收/再配送及横向调货网络，这极大地增加了网络的复杂性。

再次，对零售商而言，时效产品配送网络集成优化意味着需要综合考虑正向配送、反向回收、横向调货等多种因素从而最大限度实现时效产品的供求平衡。在销售时效产品的过程中，零售商需要在不同时刻通过观测产品状态从而对产品信息进行更新，并做出回收/再配送或调货等决策。选择进行回收/再配送策略需要解决何时回收、回收到哪个配送中心（回收中心）、从哪个配送中心（回收中心）再配送到缺货商、回收及再配送的产品量等诸多问题；同样，选择横向调货策略意味着要解决何时调货、从哪个存货商调货以及调货量等问题。

因此，有必要考虑上述多变量决策来构建时效产品配送网络，确保各节点企业在实现自身利益的同时使配送网络整体利益最大化。考虑多变量决策的时效产品配送网络研究框架见图 6-1。

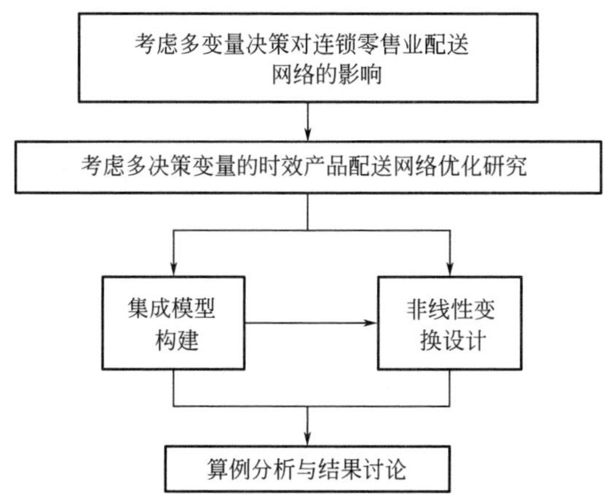

图 6-1　考虑多变量决策的时效产品配送网络研究框架

6.2 问题描述

考虑多变量决策的时效产品配送网络整体流程一共包括补货、配送、回收、调货四个环节，如图 6-2 所示。首先，生产出的时效产品从供应商出发，经过配送中心的分拨配送后运到相应的零售店。之后，随着时间的流逝，各个零售店的时效产品数量发生变化。为了避免在销售末期，有的零售商存在大量剩余库存，而有的零售商出现大量缺货现象的发生，零售商需要在不同时刻通过观测产品销量、库存等信息从而对产品状态等进行预测，并选择在合适的时刻采取措施来应对。这里可同时采取以下两种方式来解决问题，一种方式是存货零售商先将多余的产品送回到合适的配送中心，再由配送中心将合理数量的产品送到缺货零售商那里；另一种方式是存货零售商直接将时效产品送到缺货零售商那里。决策者需要综合考虑正向配送、反向回收/再配送、横向调货等因素，从而选择合适数量、位置、容量的配送中心，构建合理的时效产品配送网络，一方面满足正向配送网络中零售商对时效产品的货运需求，另一方面构建回收中心负责处理存货商送来的多余产品，并将部分产品再配送到缺货商那里，或者，存货零售商也可选择直接将合理数量的产品运送到缺货零售商那里以平衡需求。

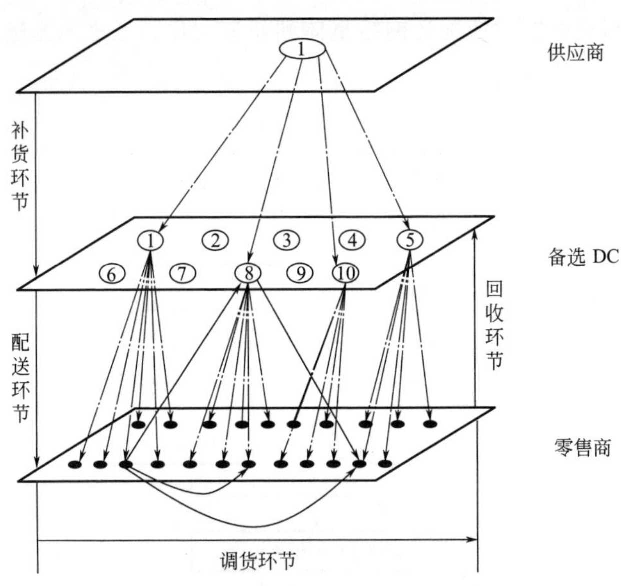

图 6-2 考虑多变量决策的时效产品配送网络整体流程

6.3 数学模型

6.3.1 符号说明

本小节对集合及参数的定义可参照第 3～5 章中的符号说明内容。

决策变量定义包括如下。

x_j^e	0-1 变量，如果在备选配送中心 j 处建立能级为 e 的枢纽则为 1，否则为 0
y_{ij}	0-1 变量，如果零售商 i 分配给所选的配送中心 j 则为 1，否则为 0
y_{jj}	0-1 变量，如果备选配送中心 j 被选为枢纽点则为 1，否则为 0
z_{mj}	0-1 变量，如果存货零售商 m 选择配送中心 j 作为回收中心则为 1，否则为 0
o_{mj}	从存货零售商 m 运到回收中心 j 的货物量
r_{nj}	0-1 变量，如果缺货零售商 n 分配给所选的回收中心则为

1，否则为 0

δ_{jn} 从回收中心 j 运到缺货零售商 n 的货物量

h_{mn} 0-1 变量，如果缺货零售商 n 直接从存货零售商 m 调货则为 1，否则为 0

Δq_{mn} 从存货零售商 m 到缺货零售商 n 的调货量

$D_j=\sum_{m=1}^{M} o_{mj} z_{mj}$ 经过回收中心处理前的所有回收产品

$B_j=\sum_{m=1}^{M} \delta_{jn} r_{nj}$ 经过回收中心处理后的完好产品

6.3.2 模型构建

本小节构建的考虑多变量决策的时效产品双向配送网络集成优化研究，其目标函数包括正向配送、反向回收/再配送以及横向调货在内的网络总成本最小。目标函数式(6-1) 表示最小化时效产品正向配送网络总成本，包括建设成本、运营成本以及正向配送成本；目标函数式(6-2) 表示最小化时效产品回收网络总成本，包括时效产品回收/再配送的运输成本以及回收中心的处理成本。目标函数式(6-3) 表示最小化调货网络总成本，包括调货运输成本以及产品处理成本。

$$\min f_1=\sum_{j=1}^{J}\sum_{e=1}^{E} F_j^e x_j^e+\sum_{j=1}^{J}\sum_{t=1}^{T} d_1 O_{jt} y_{ij}+\sum_{j=1}^{J}\sum_{t=1}^{T} c_1\left(\sum_{i=1}^{I} u_{it} y_{ij}\right) l_j+\sum_{j=1}^{J}\sum_{t=1}^{T} c_2 u_{it} y_{ij} l_{ij} \tag{6-1}$$

$$\min f_2^{(s)}=\sum_{m=1}^{M}\sum_{J=1}^{J}\sum_{\phi=1}^{\Omega} p_s^{\phi} c_3 l_{mj} o_{mj} z_{mj}+\sum_{m=1}^{M}\sum_{j=1}^{J}\sum_{\phi=1}^{\Omega} p_s^{\phi} d_2 o_{mj} z_{mj}+\sum_{n=1}^{N}\sum_{j=1}^{J}\sum_{\phi=1}^{\Omega} p_s^{\phi} c_3 l_{jn} \delta_{jn} r_{nj} \tag{6-2}$$

$$\min f_3=\sum_{n=1}^{N}\sum_{m=1}^{M}\sum_{\phi=1}^{\Omega} p_s^{\phi} c_4 l_{mn} \Delta q_{mn} h_{mn}+\sum_{m=1}^{M}\sum_{j=1}^{J}\sum_{\phi=1}^{\Omega} p_s^{\phi} d_5 \Delta q_{mn} h_{mn} \tag{6-3}$$

式中，$\sum_{m=1}^{M}\sum_{J=1}^{J}\sum_{\phi=1}^{\Omega}p_s^{\phi}c_3l_{mj}o_{mj}z_{mj}$ 表示所有回收产品的运输成本；$\sum_{m=1}^{M}\sum_{j=1}^{J}\sum_{\phi=1}^{\Omega}p_s^{\phi}d_2o_{mj}z_{mj}$ 表示所有预测存货产品和无缺陷退货产品的处理成本；$\sum_{n=1}^{N}\sum_{j=1}^{J}\sum_{\phi=1}^{\Omega}p_s^{\phi}c_3l_{jn}\delta_{jn}r_{nj}$ 表示从配送中心到缺货零售商的再配送成本；$\sum_{n=1}^{N}\sum_{m=1}^{M}\sum_{\phi=1}^{\Omega}p_s^{\phi}c_4l_{mn}\Delta q_{mn}h_{mn}$ 表示存货零售商与缺货零售商之间的调货运输成本；$\sum_{m=1}^{M}\sum_{j=1}^{J}\sum_{\phi=1}^{\Omega}p_s^{\phi}d_5\Delta q_{mn}h_{mn}$ 表示存货零售商对时效产品的处理成本。

约束条件如下。

$$\sum_{j=1}^{J}y_{ij}=1,\qquad \forall i\in I \tag{6-4}$$

$$y_{ij}\leqslant y_{jj},\qquad \forall i\in I,\forall j\in J \tag{6-5}$$

$$\sum_{e=1}^{E}x_j^e\leqslant 1,\qquad \forall j\in J \tag{6-6}$$

$$O_{jt}\leqslant\sum_{e=1}^{E}T_j^e x_j^e,\qquad \forall j\in J,\forall t\in T \tag{6-7}$$

$$y_{ij}\in\{0,1\},\qquad \forall i\in I,\forall j\in J \tag{6-8}$$

$$x_j\in\{0,1\},\qquad \forall i\in I \tag{6-9}$$

$$\sum_{j=1}^{J}z_{mj}=1,\qquad \forall m\in M \tag{6-10}$$

$$\sum_{j-1}^{J}r_{nj}=1,\qquad \forall n\in N \tag{6-11}$$

$$\sum_{m=1}^{M}o_{mj}z_{mj}\leqslant\sum_{m=1}^{M}\sum_{e=1}^{E}T_j^e x_j^e,\qquad \forall j\in J \tag{6-12}$$

$$D_j\geqslant B_j,\qquad \forall j\in J \tag{6-13}$$

$$z_{mj}\in\{0,1\},\qquad \forall m\in M,\forall j\in J \tag{6-14}$$

$$r_{nj} \in \{0,1\}, \qquad \forall n \in N, \forall j \in J \tag{6-15}$$

$$o_{mj} \geqslant 0, \qquad \forall m \in M, \forall j \in J \tag{6-16}$$

$$\delta_{jn} \geqslant 0, \qquad \forall m \in M, \forall n \in N \tag{6-17}$$

$$\sum_{j=1}^{J} r_{nj} + \sum_{m=1}^{M} h_{mn} \geqslant 1, \qquad \forall n \in N \tag{6-18}$$

$$\sum_{j=1}^{J} \delta_{jn} r_{nj} + \sum_{m=1}^{M} \Delta q_{mn} h_{mn} = \mu_n^{\phi}, \qquad \forall n \in N \tag{6-19}$$

$$\sum_{j=1}^{J} o_{mj} + \sum_{n=1}^{N} \Delta q_{mn} \leqslant O_m, \qquad \forall m \in M \tag{6-20}$$

$$A \leqslant \sum_{j=1}^{J} \sum_{i=1}^{I} (l_j + l_{ij}) y_{ij} / 24v + \sum_{n=1}^{N} \sum_{m=1}^{M} \sum_{j=1}^{J} (l_{mj} z_{mj} + l_{jn} r_{nj}) / 24v \leqslant B \tag{6-21}$$

$$A \leqslant \sum_{j=1}^{J} \sum_{i=1}^{I} (l_j + l_{ij}) y_{ij} / 24v + \sum_{n=1}^{N} \sum_{m=1}^{M} \sum_{j=1}^{J} l_{mn} h_{mn} 24/v \leqslant B \tag{6-22}$$

$$h_{mn} \in \{0,1\}, \qquad \forall m \in M, \forall n \in N \tag{6-23}$$

$$\Delta q_{mn} \geqslant 0, \qquad \forall m \in M, \forall n \in N \tag{6-24}$$

约束条件式(6-4) 表示每个零售商只能选择一个配送中心；式(6-5) 表示选择的配送中心必须是已开设的；式(6-6) 表示每个配送中心只能选择一个容量能级；式(6-7) 表示每天每个配送中心处理的产品总量不能超过其最大容量；式(6-8) 和式(6-9) 表示正向配送决策变量。约束条件式(6-10) 表示每个存货零售商只能选择一个配送中心作为回收中心；式(6-11) 表示每个缺货零售商只能选择一个配送中心作为回收中心；式(6-12) 表示每个回收中心处理的回收产品总量不能超过其最大容量；式(6-13) 表示每个配送中心经处理的完好产品数量应大于其再次配送的产品数量；式(6-14)～式(6-17) 表示回收/再配送网络的决策变量；约束条件式(6-18) 表示保证至少经一个回收中心或存货零售商来进行调货；式(6-19) 表示通过回收或调货满足缺货量；式(6-20) 表示每个存货商回收和调货的产品总量应小于其拥有的完好产品数量；式(6-21) 表示整个正向配送、回收/再配送周期内的时间约束；式(6-22)

表示整个正向配送、横向调货周期内的时间约束；式(6-23) 和式(6-24) 表示横向调货决策变量。

6.4 非线性变换设计

由于目标函数式(6-2) 和式(6-3) 中出现的 z_{mj}、o_{mj}、r_{nj}、δ_{jn}、h_{mn}、Δq_{mn} 均为未知变量，且 $z_{mj}o_{mj}$、$r_{nj}\delta_{jn}$、$h_{mn}\Delta q_{mn}$ 属于一个 0-1 变量与一个连续变量相乘，出现了非线性情况，无法用 Matlab 直接计算，因此需要将非线性函数转化为线性函数，具体转化过程如下：

令 $A_{mj}=z_{mj}o_{mj}$、$B_{nj}=r_{nj}\delta_{jn}$、$C_{mn}=h_{mn}\Delta q_{mn}$，$A_{mj}$ 与 z_{mj}、B_{nj} 与 r_{nj}、C_{mn} 与 h_{mn} 之间的约束关系分别表示如下。

$$\begin{cases} A_{mj}\geqslant o_{mj}+(z_{mj}-1)M \\ A_{mj}\leqslant o_{mj}+(1-z_{mj})M \\ A_{mj}\leqslant z_{mj}M \end{cases} \tag{6-25}$$

$$\begin{cases} B_{nj}\geqslant \delta_{jn}+(r_{nj}-1)M \\ B_{nj}\leqslant \delta_{jn}+(1-r_{nj})M \\ B_{nj}\leqslant r_{nj}M \end{cases} \tag{6-26}$$

$$\begin{cases} C_{mn}\geqslant \Delta q_{mn}+(h_{mn}-1)M \\ C_{mn}\leqslant \Delta q_{mn}+(1-h_{mn})M \\ C_{mn}\leqslant h_{mn}M \end{cases} \tag{6-27}$$

经过上述非线性变换设计后，本小节构建的数学模型的目标函数和约束条件有所变化。

$$\min f_2^{(s)}=\sum_{m=1}^{M}\sum_{J=1}^{J}\sum_{\phi=1}^{\Omega}p_s^{\phi}c_3 l_{mj}A_{mj}+\sum_{m=1}^{M}\sum_{j=1}^{J}\sum_{\phi=1}^{\Omega}p_s^{\phi}c_4 A_{mj}+\sum_{n=1}^{N}\sum_{j=1}^{J}\sum_{\phi=1}^{\Omega}p_s^{\phi}c_3 l_{jn}B_{nj} \tag{6-28}$$

$$\min f_3=\sum_{n=1}^{N}\sum_{m=1}^{M}\sum_{\phi=1}^{\Omega}p_s^{\phi}c_5 l_{mn}C_{mn}+\sum_{m=1}^{M}\sum_{j=1}^{J}\sum_{\phi=1}^{\Omega}p_s^{\phi}c_6 C_{mn} \tag{6-29}$$

$$\sum_{m=1}^{M} A_{mj} \leqslant \sum_{m=1}^{M} \sum_{e=1}^{E} T_j^e x_j^e, \qquad \forall j \in J \tag{6-30}$$

$$\sum_{j=1}^{J} B_{nj} + \sum_{m=1}^{M} C_{mn} = \mu_n^{\phi}, \qquad \forall n \in N \tag{6-31}$$

6.5 算例分析

本节的算例分析同样是建立在前面章节研究基础上，考虑多变量决策的快速时尚品配送网络包括 1 个供应商、20 个零售商、10 个备选的配送中心。由第 3 章的 3.5 节案例可知，每个拟建配送中心的容量、固定建设成本、单位产品处理成本，从供应商到配送中心及从配送中心到零售商的单位运输成本，以及零售商对该快速时尚品在 10 天内的需求量均为已知数据。由第 4 章的 4.6 节算例可知，对于该快速时尚品，无缺陷产品的退货率、单位回收及再配送运输成本、回收中心对预测在销售末期的存货量和无缺陷产品的单位处理成本等均为已知数据。此外，由第 5 章的 5.4 节算例可知，单件时尚品的直接调货运输成本、存货商在调货中对单件产品的处理成本等参数已给定。

首先，依据第 4 章提出的贝叶斯信息更新可将原有零售商分为存货零售商和缺货零售商，同时预测得出在销售末期存货商的存货量和缺货商的缺货量，见表 4-5 和表 4-6 所示。

其次，运用本章 6.3 节构建的考虑多变量决策的时效产品配送网络集成优化模型以及 6.4 节非线性变换设计，可计算得出考虑多变量决策的时效产品双向配送网络总成本为 234560 万元，其中建设配送中心的成本为 1120 万元，正向配送处理成本为 387.66 万元，从供应商运到配送中心的运输成本为 131800 万元，从配送中心运输到零售商的运输成本 100820 万元；所有回收产品的运输成本为 123.5 万元，所有回收产品的处理成本为 8642.4 万元，从回收中心配送到缺货零售商的再配送成本为 106.85 万元；零售商之间直接调货的运输成本为 19 万元，调货处理成本为 2.24 万元。

如图 6-3 所示，在考虑多变量决策的时尚品正向配送网络中，所选的配送中心序号为 1、3、6、7，其能级均为 1。其中配送中心 1 负责配送零售商 1 的时尚品，配送中心 3 负责配送零售商 2～5、9 的时尚品，配送中心 6 负责配送零售商 6、11、14、15 的时尚品，配送中心 7 负责配送零售商 7、8、10、12、13、16～20 的时尚品。

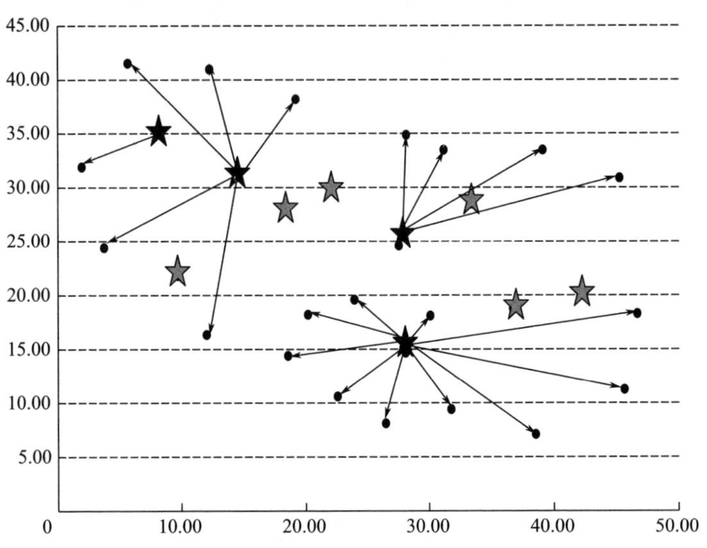

图 6-3 考虑多变量决策的时尚品正向配送网络结构图

如图 6-4 和表 6-1 所示，在考虑多变量决策的时尚品回收网络中，配送中心 1、3、6、7 作为回收中心负责货物的回收和再配送。其中回收中心 1 负责回收存货商 1、2、5、9 的时尚品，回收量分别为 170 件、50 件、50 件、50 件；回收中心 3 负责回收存货商 3 的 50 件时尚品；回收中心 6 负责回收存货商 4、6 的时尚品，回收量分别为 50 件、50 件；回收中心 7 负责回收存货商 7、8、10、

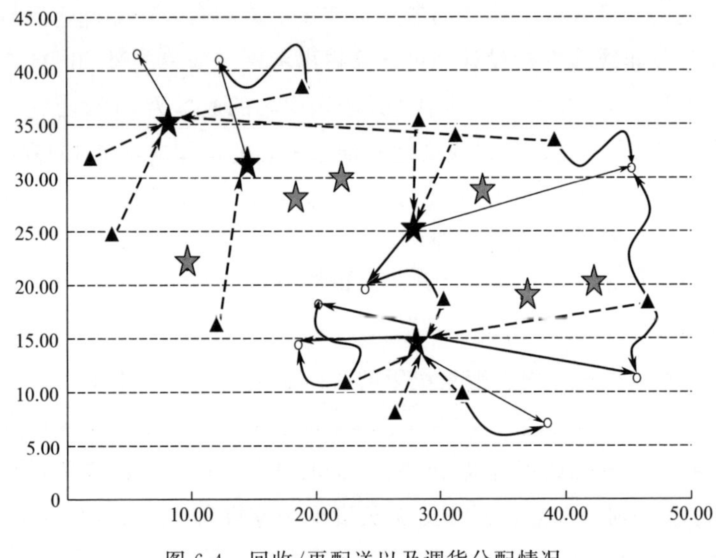

图 6-4 回收/再配送以及调货分配情况

11、12 的时尚品，回收量均为 50 件。

如图 6-4 和表 6-2 所示，在考虑多变量决策的时尚品再配送网络中，时尚品再配送情况为，回收中心 1 负责再配送 320 件时尚品到缺货商 1，回收中心 3 负责再配送 50 件时尚品到缺货商 2，回收中心 6 分别负责再配送 50 件、50 件时尚品到缺货商 5、6，回收中心 7 负责再配送 100 件、50 件、50 件、50 件时尚品到缺货商 3、4、7、8。

表 6-1　从存货商运到回收中心的产品量情况　　单位：件

存货商	回收中心									
	1	2	3	4	5	6	7	8	9	10
1	170	0	0	0	0	0	0	0	0	0
2	50	0	0	0	0	0	0	0	0	0
3	0	0	50	0	0	0	0	0	0	0
4	0	0	0	0	0	50	0	0	0	0
5	50	0	0	0	0	0	0	0	0	0
6	0	0	0	0	0	50	0	0	0	0
7	0	0	0	0	0	0	50	0	0	0
8	0	0	0	0	0	0	50	0	0	0
9	50	0	0	0	0	0	0	0	0	0
10	0	0	0	0	0	0	50	0	0	0
11	0	0	0	0	0	0	50	0	0	0
12	0	0	0	0	0	0	50	0	0	0

表 6-2　从回收中心运到缺货零售商的产品量情况　　单位：件

缺货商	回收中心									
	1	2	3	4	5	6	7	8	9	10
1	320	0	0	0	0	0	0	0	0	0
2	0	0	50	0	0	0	0	0	0	0
3	0	0	0	0	0	0	100	0	0	0
4	0	0	0	0	0	0	50	0	0	0
5	0	0	0	0	0	50	0	0	0	0
6	0	0	0	0	0	50	0	0	0	0
7	0	0	0	0	0	0	50	0	0	0
8	0	0	0	0	0	0	50	0	0	0

如图 6-4 和表 6-3 所示，在考虑多变量决策的时效产品调货网络中，调货情况

为，存货商 5 将 132 件时尚品直接调货到缺货商 2，存货商 7 将 144 件时尚品直接调货到缺货商 5，存货商 8 将 177 件时尚品直接调货到缺货商 7，存货商 9 将 188 件时尚品直接调货到缺货商 6，存货商 10 分别将 145 件、103 件时尚品直接调货到缺货商 3、4，存货商 12 分别将 50 件、180 件时尚品直接调货到缺货商 6、8。

表 6-3　从存货零售商运到缺货零售商的调货量情况　　单位：件

存货商	缺货商							
	1	2	3	4	5	6	7	8
1	0	0	0	0	0	0	0	0
2	0	0	0	0	0	0	0	0
3	0	0	0	0	0	0	0	0
4	0	0	0	0	0	0	0	0
5	0	132	0	0	0	0	0	0
6	0	0	0	0	0	0	0	0
7	0	0	0	0	144	0	0	0
8	0	0	0	0	0	0	177	0
9	0	0	0	0	0	188	0	0
10	0	0	145	103	0	0	0	0
11	0	0	0	0	0	0	0	0
12	0	0	0	0	0	50	0	180

同样，在上述网络结构基础上，由于外界环境的复杂多变，单位产品回收、调货的运输成本等因素会发生变化，因此决策者需要针对变化做相应调整。本节设计了如表 6-4 所示的 2 个实验，分别针对模型中关键变量对时效产品配送网络的影响进行研究。

表 6-4　实验配置

实验序号	场景	模型调整和分析过程
1	分析回收/再配送中单位运输成本 c_3 变化对网络的影响	(1)保持建设成本的权重 λ 和运输成本的权重 θ 为 0.5 不变 (2)按照−75%、−50%、−25%、25%、50%、75%调节单位回收/再配送运输成本的大小 (3)实验结果见表 6-5 (4)分析实验结果
2	分析单位产品的调货运输成本变化对网络的影响	(1)保持建设成本的权重 λ 和运输成本的权重 θ 为 0.5 不变 (2)按照−75%、−50%、−25%、25%、50%、75%调节单位调货运输成本的大小 (3)实验结果见表 6-6 (4)分析实验结果。

表 6-5　分析回收/再配送中单位运输成本 c_3 变化对网络的影响　单位：%

成本	c_3 变化					
	−75%	−50%	−25%	25%	50%	75%
总成本	−0.12	−0.07	−0.03	0.02	0.04	0.06
总处理成本	−0.21	−0.14	−0.07	0.02	0.04	0.13
总运输成本	−0.12	−0.07	−0.03	0.02	0.04	0.06

表 6-6　分析单位产品的调货运输成本变化对网络的影响　单位：%

成本	单位调货运输成本					
	−75%	−50%	−25%	25%	50%	75%
总成本	−34.72	−22.41	−10.92	10.67	21.19	30.60
总建设成本	−50.00	−50.00	0.00	0.00	25.00	25.00
总处理成本	0.13	0.13	0.02	−0.05	−0.07	−0.16
总运输成本	−34.70	−22.31	−10.99	10.74	21.21	30.69

由上述的灵敏度分析可知：实验 1 中回收/再配送中单位运输成本对考虑多决策变量的时效产品配送网络的影响不太大，对总成本、总处理成本、总运输成本有较小程度的影响；而实验 2 中单位产品的调货运输成本的变化对网络总成本和总运输成本有较大的影响，且影响程度一致，对总建设成本有一定范围的影响，而对总处理成本影响较小。

考虑多变量决策的时效产品配送网络优化是一个动态变化的复杂环境，不同的成员有着不同的利益和优化目标，且影响时效产品配送网络的变量和因素很多，导致时效产品配送网络的设计及优化较为复杂。为了应对这种复杂性导致的销售末期供应和需求不相匹配的现状，本章通过分析多变量决策对时效产品配送网络的影响，综合考虑回收、调货等多策略相结合的方法，构建了考虑多变量决策的时效产品配送网络集成优化模型，并针对模型特征设计了非线性变换，最后应用算例验证模型与方法，得出时效产品正向配送、反向回收/再配送以及横向调货集成网络的选址、流量分配等决策，以及模型中关键参数对各项成本不同程度的影响，为实践中决策者考虑多变量决策的时效产品配送网络集成优化提供依据和支持。

第 7 章

总结与展望

7.1 总结
7.2 研究展望

7.1 总结

随着科学技术的迅猛发展，人们生活水平的不断提高，诸如时尚品、易腐品、高科技产品等具有短周期、时间响应强、需求波动大、销售风险大、销售末期产品残值低等特征的时效产品，逐步引起企业界和学术界的广泛关注。配送网络优化一直是实践领域和学术领域的研究热点，其作为连接生产者与消费者之间的中间桥梁，在产品流通体系中起着重要作用，有效保障了人们日常生活的基本需求。在时效产品配送网络设计与优化中，由于时效产品自身的特征、客户需求多变以及环境的不确定性等原因，在时效产品销售末期经常会出现某些零售商缺货，而另一些零售商却有剩余存货的现象。因而，如何采取有效策略来平衡供需、减少零售商的风险、提升时效产品整体网络效益成为当前针对时效产品的重要研究课题。此外，随着经济社会的快速发展以及人们环保意识的提升，人们不仅仅关注传统的正向物流配送环节，回收物流产生的经济价值和长远意义也越来越得到政府、企业及消费者的普遍认可。目前市场上的时效产品存在非常普遍的退货现象，而来自客户的无缺陷退货因其具有较高的销售价值成为时效产品回收物流的重要组成部分。因此，本书在上述背景下研究时效产品配送网络优化的研究也具有重要的理论和实践意义。本书所做的工作主要包括以下几方面。

① 本书在国内外学者对时效产品的概念及分类研究基础上，提出了对时效产品的概念界定以及分类方式，即将时效产品定义为具有短周期、时间响应强、需求波动大、销售风险大、销售末期产品残值低等特征的一类产品，主要包括时尚品、易腐品、高科技产品等，不包括废旧产品。此外，本书提出了时尚品、易腐品、高科技产品等在引入期、成长期、成熟期和衰退期的生命周期函数，进而分析了时效产品对零售业配送网络的影响，形成了时效产品配送网络的机理分析。

② 本书从系统思维角度出发，构建了考虑回收与调货的时效产品双向配送网络系统框架图，主要包括时效产品配送网络基本问题、机理分析、影响因素分析、策略分析、模型分析、运作流程分析六大部分。该系统从时效产品研究的基本问题出发，对时效产品配送网络进行机理分析、影响因素分析，从不同视角提出构建时效产品配送网络采取的策略，并针对不同的问题特征和策略特点进行建模分析，设计相应算法，描绘出时效产品整体运作流程。该系统较为全面地反映出构建考虑回收与调货的时效产品配送网络的系统思路、本书研究重点以及未来研究方向，扩展了已有的物流网络优化理论，也为时效产品配送网络进一步深入

研究奠定基础。

③ 本书运用模糊时间窗方法较好地刻画了零售商的心理满意度，从而将零售商心理、行为等新的研究视角运用到时效产品配送网络中，为以后的研究开阔了视野。由于时效产品是一类具有短周期、时间响应强、需求波动大、销售风险大、销售末期产品残值低等特征的产品，对零售商而言，其关心的不仅仅是成本，还有产品的时效性。本书没有将零售商简单看作是实体店，而是将其视为有一定时间偏好的决策主体，每个零售商都有一个期望的时间段，在这个时间段获得时效产品，零售商的满意度往往比较高，而一旦超出这个时间段，零售商的满意度就大打折扣。

本书采用模糊时间窗来反映有弹性的零售商服务时间偏好的时间窗，将零售商的满意度定义为时效产品到达时间的模糊隶属度函数，并构建基于模糊时间窗约束的时效产品配送网络优化模型，以实现时效产品配送网络的总成本最小化，以及所有零售商的总服务水平最大化两个目标。基于进化博弈和多目标优化思想，设计分层遗传算法进行求解，通过案例分析验证了模型算法的有效性，得到模糊时间窗约束下的时效产品配送网络结构图，分析了权重系数及最低服务水平等因素变化对网络选择及流量分配的影响，并揭示了时效产品配送网络总成本的变化幅度更为明显，在一定程度上增加网络成本能够实现客户满意度的提升。

④ 本书通过分析回收的特点及对时效产品配送网络的设计要求，指出可将存货商部分完好产品回收到配送中心，再重新配送到缺货零售商，从而最大限度避免销售季节结束后，存在大量没有销完的剩余产品的现象。考虑回收的产品主要包括预测生命周期末不可能销售完的产品，以及由消费者引发的无缺陷退货和有缺陷可修复的退货产品。此外，设计了考虑回收的时效产品正向配送和反向回收/再配送的决策结构图，把整个决策过程分为正向配送阶段和反向回收/再配送阶段两个阶段，运用贝叶斯信息更新对各个零售商销售末期的时效产品状态、存货量、缺货量等进行预测分析，并在合适的时刻做出合理的回收中心选择以及物资回收/再配送等决策。

在此基础上，本书构建了考虑回收的时效产品双向配送网络优化模型，兼顾成本和效率目标，以实现正向配送、反向回收/再配送在内的网络总成本最小及信息观测的总时间最少，并设计贝叶斯风险函数对模型进行转化求解，最后以算例为例验证模型与算法，得出了时效产品正向配送、反向回收/再配送网络的配送中心（回收中心）选址、流量分配等决策及关键参数的影响。

⑤ 考虑调货的时效产品配送网络是一个同时包含个体决策和整体优化的复杂系统，本书致力于为时效产品个体决策和网络整体优化之间搭建桥梁。本书通

过分析调货的特点以及对时效产品配送网络的影响，将零售商之间的个体博弈决策融入时效产品配送网络的整体构建中，先利用博弈论证明任意两个零售商之间的最优调货量和调货价格，接着引入罚函数来度量最优调货量与实际调货量的差量，并构建考虑调货的时效产品配送网络优化模型。最后设计算例验证模型，并得出了时效产品正向配送、横向调货网络的配送中心选址及流量分配等决策，从而实现个体决策和网络整体优化双赢的目标。

⑥ 时效产品配送网络面临的是一个动态变化的复杂环境，真实的供求关系往往是供应和需求不相匹配，从而可能导致在时效产品销售末期出现某些零售商缺货，而另一些零售商有存货的现象。为了最大限度地减少及避免这种供需不平衡的情况出现，本书考虑多变量决策对时效产品配送网络的影响，构建了时效产品配送网络集成优化模型，并针对模型特征设计了非线性变换，最后以算例为例验证模型与方法，得出了时效产品包括正向配送、反向回收/再配送以及横向调货网络的配送中心（回收中心）选址及流量分配等决策，以及模型关键参数对各项成本不同程度的影响，为实践中决策者优化考虑回收与调货的时效产品配送网络提供依据和支持。

7.2 研究展望

本书以时效产品配送网络为研究对象，对时效产品进行了界定和分类，构建了考虑回收与调货的时效产品双向配送网络的整体系统框架，深入分析了时效性、回收、调货等对零售业配送网络的影响，分别研究了回收、调货以及多变量等策略下时效产品配送网络的结构、配送中心的选址及产品分配关系等决策优化问题。然而，由于笔者能力有待提升，在今后的工作中，将致力于以下几方面的深入研究。

① 本书为突出重点和简化问题，构建的时效产品配送网络结构较为简单，主要包括供应商、配送中心及零售商三层网络，没有考虑第三方物流企业等。而实际运营过程中的配送网络往往更加复杂，如第三方物流企业的网络结构本身就是多层次、多属性的特征，如何与时效产品配送网络进行有效衔接是以后努力的方向。

② 本书在考虑多变量决策的时效产品配送网络集成优化研究时，主要考虑综合利用回收、调货等策略，较为简单，没有考虑运用价格手段等其他策略，也没有深入探究各策略集成时对配送网络造成的影响，这是以后要深入探究的问题。

③ 本书的退货主要针对消费者引发的无缺陷退货，将其回收到配送中心后是按照像新产品一样，再重新配送到缺货店用于销售。而在实际销售环境中，时效产品的退货时间与其产品价值有很大关系，退货时间越晚，时效产品的价值贬值越明显。因此，时效产品配送网络各成员如何采取有效激励措施，尽可能减少时效产品退货造成的贬值损失，也是以后需要关注的领域。

④ 本书主要研究的是时效产品实体网络的构建与优化，而事实上，对时效产品而言，网上配送网络也发展很迅速。如何更好地将实体网络与电商网络结合研究是以后重点研究的领域。

参考文献

[1] 陈娟. 基于再制造的高残值易逝品供应链研究 [D]. 上海：上海交通大学，2010.

[2] 李豪. 竞争环境下考虑顾客行为的易逝品动态定价策略研究 [D]. 重庆：重庆大学，2010.

[3] 孟丽君. 易逝品逆向物流的库存控制及车辆路径问问题的优化研究 [D]. 杭州：浙江大学，2009.

[4] 曹细玉. 基于多变量决策的易逝品供应链协调研究 [D]. 南京：南京航空航天大学，2007.

[5] 夏海洋，黄培清. 混合分销渠道结构下短生命周期产品供应链库存策略分 [J]. 中国管理科学，2007，15 (2)：70-75.

[6] Riccardo M，Elisa G. Optimization models for the dynamic facility location and allocation problem [J]. International Journal of Production Research，2008，46 (8)：2061-2086.

[7] Ghezavati V R，Label-Ameli M S，Makui A. A new heuristic method for distribution networks considering service level constraint and coverage radius [J]. Expert Systems with Applications，2009，36 (3)：5620-5629.

[8] Rawls C G，Tumquist M A. Pre-positioning planning for emergency with service quality constraints [J]. OR Spectruns，2011，33 (3)：481-498.

[9] Listes O，Dekker R. A stochastic approach to a case study for product network design [J]. European Journal of Operational Research，2005，160 (1)：268-287.

[10] Daskin M S，Coullard C R，Shen Z J M. An inventory-location model：formulation，solution algorithm and computational results [J]. Annals of Operations Research，2002，110 (1)：83-106.

[11] Alonso-Ayuso A，Escero L F，Garin A，et al. An approach for strategic supply chain planning under uncertainty based on stochastic 0-1 programming [J]. Journal of Global Optimization，2003，26 (1)：97-124.

[12] Butler R J，Ammons J C，Sokol J. A robust optimization model for strategic production and distribution planning for a new product [M]. Orlando：University of Central Florida，2003.

[13] Shiode S，Drezner Z. A competitive facility location problem on a tree network with stochastic weights [J]. European Journal of Operational Research，2003，149 (1)：47-52.

[14] Berman O，Krass D，Wang J. The probabilistic gradual covering location problem on a network with discrete random demand weights [J]. Computers & Operations Research，2011，38 (11)：1493-1500.

[15] Torres S J，Uster H. Dynamic-demand capacitated facility location problems with and without relocation [J]. International Journal of Production Research，2011，49 (13)：3979-4005.

[16] Wagner M R，Bhadury J，Peng S. Risk management in uncapacitated facility location models with random demands [J]. Computers & Operations Research，2009，36 (4)：1002-1011.

[17] Gebennini E, Gamberini R, Manziru R. An integrated production-distribution model for the dynamic location and allocation problem with safety stock optimization [J]. International Journal of Production Economics, 2009, 122 (1): 286-304.

[18] Sharkey T C, Geunes J, Edwin R H, et al. Exact algorithms for integrated facility location and production planning problems [J]. Naval Research Logistics, 2011, 58 (5): 419-436.

[19] Stanimirovic Z, Kratica J, Dugosija D. Genetic algorithms for solving the discrete ordered median problem [J]. European Journal of Operatiorral Research, 2007, 182 (3): 983-1001.

[20] Amrani H, Martel A N, Makeeva P. A variable neighborhood search heuristic for the design of multicommodity production-distribution networks with alternative facility configurations [J]. OR spectrum, 2011, 33 (4): 989-1007.

[21] Baron O, Milner J, Naseraldin H. Facility location: A robust optimization approach [J]. Production and Operations Management, 2011, 20 (5): 772-785.

[22] Baron O, Bennan O, KrassD. Facility location with stochastic demand and constraints on waiting time [J]. Manufacturing& Service Operation Management, 2008, 10 (3): 484-505.

[23] Belenguer J M, Benavent E, Prins C, et al. A branch-and-cut method for the capacitated location-routing problem [J]. Computers & Operations Research, 2011, 38 (6): 931-941.

[24] Fernandes L M, Judice J J, Sherali H D, et al. Siting and sizing of facilities under probabilistic demands [J]. Journal of optimization theory and applications, 2011, 149 (2): 420-440.

[25] Christofidest N, Mingozzi A, Toth P. Exact algorithms for the vehicle routing problem based onspanning the shortest path relaxation [J]. Mathematical Programming, 1981, 20: 255-282.

[26] Balinski M, Quandt R. On an integer program for a delivery problem [J]. Operations Research, 1964, 12 (2): 300-304.

[27] Ai T J, Kachitvichyanukul V. Particle swarm optimization and two solution representations for solving the capacitated vehicle routing problem [J]. Computers & Industrial Engineering, 2009, 56 (1): 380-387.

[28] Cordeau J F, Maischberger M. A parallel iterated tabu search heuristic for vehicle problems [J]. Computers & Operations Research, 2012, 39 (9): 2033-2050.

[29] Sorensenn K, Schittekat P. Statistical analysis of distance-based path relinking for the capacitated vehicle routing problem [J]. Computers & Operations Research, 2013, 40 (12): 3197-3205.

[30] Jin J Y, Crainic T G, Lokktangen A. A cooperative parallel metaheuristic for the capacitated vehicle routing problem [J]. Computers & Operations Research, 2014, 44: 33-41.

[31] 李宁，邹彤，孙德宝. 车辆路径问题的粒子群算法研究 [J]. 系统工程学报，2014，19 (6): 596-600.

[32] 郎茂祥，胡思继. 车辆路径问题的禁忌搜索算法研究 [J]. 管理工程学报，2004，18 (1)：81-84.

[33] 肖健梅，李军军，王锡淮. 求解车辆路径问题的改进微粒群优化算法 [J]. 计算机集成制造系统，2005，11 (4)：577-581.

[34] 赵燕伟，彭典军，张景玲. 有能力约束车辆路径问题的量子进化算法 [J]. 系统工程理论与实践，2009，29 (2)：159-166.

[35] 王沛栋，唐功友，李扬. 带容量约束车辆路由问题的改进蚁群算法 [J]. 控制与决策，2012，27 (11)：1633-1638.

[36] Albareda-Sambola M，Diaz J A，Fernandez E. A compact model and tight bounds for a combined location-routing problem [J]. Computers & Operations Research，2005，32 (3)：407-428.

[37] Prins C，Prodhon C，Wolfler C R. A memetic algorithm with population management for the capacitated location-routing problem [J]. Lecture Notes in Computer Science，2006，3906：183-194.

[38] Prins C，Prodhon C，Ruiz A. Solving the capacitated location-routing problem by a cooperative Lagrangean relaxation-granular tabu search heuristic [J]. Transportation Science，2007，41 (4)：470-483.

[39] Ting C J，Chen C H. A multiple ant colony optimization algorithm for the capacitated location routing problem [J]. International Journal of Production Economics，2013，141 (1)：33-44.

[40] 张潜，高立群，刘雪梅等. 定位——运输路线安排问题的两阶段启发式算法 [J]. 控制与决策，2004，19 (7)：773-777.

[41] 高军，刘晓蕾，冀松娅. 军事物流系统中定位——运输路线安排模型及算法 [J]. 数学的实践与认识，2012，42 (19)：152-159.

[42] Whitin T M. Inventory Control and Price Theory [J]. Management Science，1955 (10)：61-68.

[43] Murray G R，Silver E A. A Bayesian Analysis of the Style Goods Inventory Problem [J]. Management Science，1966，12 (11)：785-791.

[44] Perry M，Sohal A S，Rumpf P. Quick Response supply chain alliances in the Australian textiles，clothing and footwear industry [J]. International journal of Production Economics，1999，62 (1-2)：119-132.

[45] Forza C，Vinelli A. Time compression in production and distribution within the textile-apparel chain [J]. Integrated Manufacturing Systems，2000，11 (2)：138-146.

[46] Christopher M，Towill D. An integrated model for the design of agile supply chains [J]. International Journal of Physical Distribution & Logistics Management，2001，31 (4)：235-246.

[47] Christopher M，Lowson R，Peck H. Creating agile supply chains in the fashion industry [J]. International Journal of Retail and Distribution Management，2004，32 (8)：367-376.

[48] Bergvall-Forsberg J，Towers N. Creating agile supply networks in the fashion industry：A pilot study

of the European textile and clothing industry [J]. Journal of the Textile Institute, 2007, 98 (4): 377-385.

[49] De Brito M P, Carbone V, Blanquart C M. Towards a sustainable fashion retail supply chain in Europe: Organization and performance [J]. International journal of Production Economics, 2008, 114 (2): 53-553.

[50] Jiuh-B S. A hybrid fuzzy-optimization approach to customer grouping-based logistics distribution operations [J]. Applied Mathematical Modelling, 2007 (31): 1048-1066.

[51] Yongjian L, Cansheng W, Xiaoqiang C. Optimal pricing and order policies with B2B product returns for fashion products [J]. Production Economics, 2012 (135): 637-646.

[52] Goyal S K, Giri B C. Recent trends in modeling of deteriorating inventory [J]. European Journal of Operational Research, 2001, 134 (1): 1-16.

[53] Li Ruihai, Teng Jinn-Tsair. Pricing and lot-sizing decisions for perishable goods when demand depends on selling price, reference price, product freshness, and displayed stocks [J]. European Journal of Operational Research, 2018, 270 (3): 1099-1108.

[54] Yang H L. Two-warehouse inventory models for deteriorating items with shortages under inflation [J]. European Journal of Operational Research, 2004, 157 (2): 344-356.

[55] Yang H L. Two-warehouse partial backlogging inventory models for deteriorating items under inflation [J]. International Journal of Production Economics, 2006, 103 (1): 362-370.

[56] Naso D, Surico M, Turchiano B, et al. Reactive Scheduling of a Distributed Network for the Supply of Perishable Products [J]. Automation Science and Engineering, 2007, 4 (3): 407-423.

[57] Huey K C, Che F H, Mei S C. Production scheduling and vehicle routing with time windows for perishable food products [J]. Computers & Operations Research, 2009 (36): 2311-2319.

[58] Qinglin, Duan T, Warren Liao. A new age-based replenishment policy for supply chain inventory optimization of highly perishable products [J]. Production Economics, 2013 (145): 658-671.

[59] 徐贤浩，李锐娟. 存货影响销售率的短生命周期物品库存管理 [J]. 系统管理学报，2007，16 (2): 135-138.

[60] 徐贤浩，余双琪. 短生命周期产品的三种库存模型的比较 [J]. 管理科学学报，2007，10 (4): 9-15.

[61] 徐贤浩，陈斯瑜. 基于库存价值改变和随机需求的经济订货批量模型 [J]. 管理科学，2008，21 (3): 9-15.

[62] 徐贤浩，蔡成元，沈古文. 基于可控提前期和延迟供货的短生命周期产品库存模型 [J]. 中国管理科学，2010，18 (2): 42-47.

[63] 徐贤浩，廖丽平，任英. BASS 预测模型与库存控制集成研究 [J]. 工业工程与管理，2010，15 (3):

1-6.
[64] 丁玉珍.短生命周期产品库存信息自动识别方法仿真［J］.计算机仿真，2019，36（8）：467-471.
[65] 姜大立，杨西龙.易腐物品配送中心连续选址模型及其遗传算法［J］.系统工程理论与实践，2003（2）：62-67.
[66] 励凌峰，黄培清，骆建文.易腐物品的库存管理研究［J］.系统工程，2004，22（3）：25-30.
[67] 黄松，杨超，杨现.基于Stackelberg博弈的变质物品分销网络设计模型［J］.中国管理科学，2009，17（6）：122-129.
[68] 闫妍，刘晓，庄新田，等.基于弹性供应链的易腐品物流配送计划［J］.系统管理学报，2012，21（2）：258-263.
[69] 郭健全，杨晓华.易腐品多周期闭环物流网络鲁棒优化模型［J］.计算机应用研究，2019，37（3）：65-72.
[70] 徐贤浩，李锐娟.高科技产品的库存控制策略［J］.工业工程与管理，2006（5）：61-64.
[71] 张雷，唐连生.基于融合阶段响应时间的高科技产品网络优化［J］.公路交通科技，2010，27（5）：137-141.
[72] 张雷.融合生命周期的高新技术产品分销网络优化［D］.成都：西南交通大学，2010.
[73] 刘思婧.B to C环境下的快速时尚品物流分销网络优化设计［D］.成都：西南交通大学，2012.
[74] 曹洪，周江.季节性产品动态定价研究［J］.数量经济技术经济研究，2004（3）：122-125.
[75] 熊中凯，李豪，彭志强.竞争环境下季节性产品网上直销动态定价模型［J］.系统工程理论与实践，2010，30（2）：243-250.
[76] 李武强，刘树林，倪冠群.基于在线算法的季节性产品降价策略［J］.系统工程理论与实践，2011，31（11）：2070-2076.
[77] 李绩才，周永务，肖旦，等.CVaR准则下季节性产品市场运作策略［J］.工业工程，2012，15（5）：8-14.
[78] 李绩才，李昌文，尚俊松.基于双向期权契约的随机产出季节性产品供应链生产与订购策略［J］.系统工程，2016，34（10）：108-115.
[79] 王长琼.国外逆向物流的经济价值及管理策略初探［J］.国外经济与理论，2003，25（8）：18-21.
[80] 邹辉霞，荆海霞.基于供应链的逆向物流管理［J］.中国流通经济，2003（7）：19-22.
[81] 姚建华.基于循环经济的逆向物流分析［J］.商业经济文荟，2005（4）：24-27.
[82] Carter C，Ellram L. Reverse logistics：A review of the literature and framework for future investigation［J］. Journal of Business Logistics，1998，19（1）：85-103.
[83] 张新颖，郑明.回收物流［M］.北京：中国物资出版社，2003.
[84] Stock J R. Reverse Logisties［M］. Chicago：Couneil of Logistics Management，OakBrook，IL. 1992.
[85] Kopichy R J，Berg M J，Legg L，et al. Reuse and Recycling：Reverse Logistics Opportunities［M］.

Council of Logistics Management, OakBrook, IL. 1993.

[86] Fleischmann M. Quantative Models for Reverse Logistics [D]. Neitherland: Erasmus University Rotterdam, 2000.

[87] Steven M. Networks in reverse logistics [J]. Supply chain rnanagement and reverse logistics, 2000 (2): 165-175.

[88] Thierry M, Salomon M, Vannunen J, et al. Strategic issues in product recovery management [J]. Califomia Management Review, 1995, 37 (2): 114-135.

[89] 达庆利，黄祖庆，张钦. 逆向物流系统结构的现状及展望 [J]. 中国管理科学，2004，12 (1): 131-138.

[90] 马祖军，代颖. 产品回收逆向物流网络优化设计模型 [J]. 管理工程学报，2005，19 (4): 114-117.

[91] 冷杰，熊寿刚. 再制造逆向物流网络选址模型研究 [J]. 物流技术，2005 (5): 36-38.

[92] Jiuh-B S, Yi-Ha C, Chun-C H. An integrated logistics operational model for green-supply chain management [J]. Transportation Research Part E, 2005 (41): 287-313.

[93] Min H, Ko H J, Ko C S. A genetic algorithm approach to developing the multi-echelon reverse logistics network for product returns [J]. Omega, 2006, 34 (1): 56-69.

[94] Lee D H, Dong M. A heuristic approach to logistics network design for end-of-lease computer products recovery [J]. Transportation Research Part E, 2008, 44 (3): 455-474.

[95] Mutha A, Pokharel S. Strategic network design for reverse logistics and remanufacturing using new and old product modules [J]. Computers & Industrial Engineering, 2009, 56 (1): 334-346.

[96] Dehghanian F, Mansour S. Designing sustainable recoveiy network of end-of-life products using genetic algorithm [J]. Resources, Conservation and Recycling, 2009, 53 (10): 559-570.

[97] Qin Z, Ji X. Logistics network design for product recovery in fuzzy environment [J]. European Journal of Operational Research, 2010, 202 (2): 479-490.

[98] 马祖军，代颖. 产品回收逆向物流网络优化设计模型 [J]. 管理工程学报，2005，19 (4): 114-117.

[99] 代颖，马祖军，朱道立. 回收商管理库存下逆向物流多周期 LRIP [J]. 工业工程与管理，2010，5 (5): 1-6.

[100] 赵宜，尹传忠，蒲云. 回收物流设施多层选址模型及其算法 [J]. 西南交通大学学报，2005，40 (4): 530-534.

[101] 何波，杨超，任鸣鸣. 基于第三方物流的产品回收物流网络优化模型及算法 [J]. 计算机集成制造系统，2008，14 (1): 39-44.

[102] 高阳，詹沙磊. 基于第三方物流的多周期多目标产品回收网络设计 [J]. 控制与决策，2010，25 (8): 1164-1168.

[103] 马祖军，张殿业，代颖. 再制造逆向物流网络优化设计模型研究 [J]. 交通运输工程与信息学报，

2004，2（2）：53-58.

［104］ 马祖军，代颖，刘飞. 制造/再制造混合系统中集成物流网络优化设计模型研究［J］. 计算机集成制造系统，2005，11（11）：1551-1557.

［105］ 马祖军，代颖，刘飞. 再制造物流网络的稳健优化设计［J］. 系统工程，2005，23（1）：74-78.

［106］ 毛海军，芮维娜，李旭宏. 基于不确定条件的再制造物流网络优化设计［J］. 东南大学学报：自然科学版，2010，40（2）：425-430.

［107］ Robinson L W. Optimal and approximate policies in mult-i period，mult-i location inventorymodels with transshipments［J］. Operation Research，1990，38（2）：278-295.

［108］ Herer Y，RashitA. Policies in a general two-location infinite horizon inventory system with lateral stock transshipments［R］. TelAviv，Israel：Department of Industrial Engineering，Te-lAvivUniversity，1998.

［109］ Rudi N，Spyked F. A two-location inventory model with transshipment and local decision making［J］. ManagementScience，2001，47（12）：1668-1680.

［110］ Dong L X，Rudi N. Who benefits from transshipment? Exogenous vs. endogenous wholesale prices［J］. Management Science，2004，50（5）：645-657.

［111］ Zhang J. Transshipment and its impact on supply chain members performance［J］. Management Science，2005，51（10）：1534-1539.

［112］ Soĺic G. Transshipment of inventories among retailers：Myopic vs. farsighted stability［J］. Management Science，2006，52（10）：1493-1508.

［113］ Hu X X，Duenyas I，Kapuscinski R. Existence of coordinating transshipment prices in a two-location inventory model［J］. ManagementScience，2007，53（8）：1289-1302.

［114］ Hu X X，Izak D，Roman K. Optimal joint inventory and transshipment control under uncertain capacity［J］. Operation Research，2008，56（4）：881-897.

［115］ 高秀明，汤兵勇. 服装零售商之间调货模型分析［J］. 东华大学学报：自然科学版，2005，31（3）：31-34.

［116］ 李晓宏，孙林岩，李刚. 需求信息更新条件下零售商间调货策略研究［J］. 系统工程学报，2008，23（6）：689-695.

［117］ 李晓宏，孙林岩，李刚. 不确定性需求下易逝品零售商横向调货策略研究［J］. 运筹与管理，2009，18（5）：76-80.

［118］ 李晓明，万迪昉，孙林岩，等. 信息更新条件下零售商间调货利益分配［J］. 工业工程，2009，12（4）：28-31.

［119］ 孙林辉，孙林岩，李晓宏，等. 大型零售商对周边小零售商动态调货策略研究［J］. 软科学，2009，23（10）：128-132.

[120] Philippe B, Francois G, Miche G. A parallel tabu search heuristic for vehicle routing problem with time windows [J]. Transportation Research Part C: Emerging Technologies, 1997, 5 (2): 109-122.

[121] Ho S C, Haugland D. A tabu search heuristic for the vehicle routing problem with time windows and split deliveries [J]. Computers & Operations Research, 2004, 31 (12): 947-964.

[122] Alexandre L B, Teodor G C. A cooperative parallel meta- heuristic for the vehicle routing problem with time windows [J]. Computers & Operations Research, 2005, 32 (7): 1685-1708.

[123] 刘家利，马祖军.存在车辆租赁及共享且有时间窗的多配送中心开环 VRP [J].系统工程理论与实践，2013，33 (3)：666-675.

[124] 王飞.带时间窗车辆调度问题的改进粒子群算法 [J].计算机工程与应用，2014，50 (6)：226-229.

[125] 赵达，李军，马丹祥，等.求解硬时间窗约束下随机需求库存 & 路径问题的优化算法 [J].运筹与管理，2014，23 (1)：26-32.

[126] 刘欣萌，何世伟，陈胜波，等.带时间窗 VRP 问题的多智能体进化算法 [J].交通运输工程学报，2014，14 (3)：105-110.

[127] Balakrishnan N. Simple heuristics for the vehicle routing problem with soft time windows [J]. The Journal of the Operational Research Society, 1993, 44 (3): 279-287.

[128] George I, Manolis K, Gregory P. A problem generator-solver heuristic for vehicle routing with soft time windows [J]. Omega, 2003, 23 (1): 41- 53.

[129] Calvete H I, Gale C, Oliveros M. A goal programming approach to vehicle routing problems with soft time windows [J]. European Journal of Operational Research, 2007, 177 (3): 1720-1733.

[130] 刘芳华，赵建民，徐慧英，等.有时间窗物流配送路径优化问题的并购算法 [J].计算机工程与科学，2010，32 (12)：80-84.

[131] 杨文超，胡祥培，王征.顾客时间窗变化的物流配送问题干扰管理方法研究 [J].大连理工大学学报，2012，52 (2)：290-296.

[132] Wang H F, Wen Y P. Time-constrained Chinese postman problems [J]. Computers & Mathematics with applications, 2002, 44 (3-4): 375-387.

[133] 王旭坪，张凯，胡祥培.基于模糊时间窗的车辆调度问题研究 [J].管理工程学报，2011 (3)：148-154.

[134] 王征，张俊，王旭坪.多车场带时间窗车辆路径问题的变邻域搜索算法 [J].中国管理科学，2011，19 (2)：99-109.

[135] 王绍仁，马祖军.震后应急物流系统中带时间窗的模糊动态 [J].运筹与管理，2011，20 (5)：63-72.

[136] 罗耀波，孙延明. 基于模糊时间窗的带容积约束选址路径问题 [J]. 系统工程，2014，32 (1)：19-25.

[137] Weatherford，Lawrence R，Bodily，Samuel E. A taxonomy and research overview of perishable-asset revenue management：Yield Management，Overbooking，and Pricing [J]. Operations Research，1992，40 (5)：831-844.

[138] 刘晓峰. 易逝品的动态定价机制与消费者策略行为研究 [D]. 上海：上海交通大学，2007，4.

[139] 尚文芳. 需求信息更新条件下易逝品供应链期权协调契约研究 [D]. 广州：华南理工大学，2012.

[140] 孙静春，李双杰，方烨. 一类易逝品非线性成本库存模型 [J]. 运筹与管理，2012，21 (1)：96-104.

[141] 谢小良. 易逝品库存运输整合优化 [D]. 长沙：中南大学，2010.

[142] 沈毅强，江孝感. 产品全生命周期价值计量与决策 [J]. 现代管理科学，2006 (7)：87-88.

[143] Sivakumar B. A perishable inventory system with retrial demands and a finite population [J]. J of Computational and Applied Mathematics，2009，224 (1)：29-38.

[144] Roy A，Kar S，Maiti M. A deteriorating multi-item inventory model with fuzzy costs and resources based on two different defuzzification techniques [J]. Applied Mathematical Modelling，2008，32 (2)：208-223.

[145] Goyal S K，Giri B C. The production-inventory problem of a product with time varying demand，production and deterioration rates [J]. European J of Operational Research，2003，147 (3)：549-557.

[146] Liao J J. An EOQ model with noninstantaneous receipt and exponentially deteriorating items under two-level trade credit [J]. Int J of Production Economics，2008，113 (2)：852-861.

[147] He Y，Wang S Y，Lai K K. An optimal production inventory model for deteriorating items with multiple market demand [J]. European J of Operational Research，2010，203 (3)：593-600.

[148] Machlup F. The production and distribution of knowledge in the United States [M]. State of New Jerscy Princeton University Press，1962.

[149] MossmanF H，Morton N. Logistics of distribution system [M]. State of New Jerscy Allyn and Bacon，1965.

[150] WillettR P，Stephenson P R. Derterminants of buyer response to phusical distribution service [J]. Journal of Marketing Research，1969，6 (3)：279-283.

[151] Geoffrion A M，Graves G W. Multicommodity distribution system design by Bender decomposition [J]. Management Science，1974，20 (5)：822-844.

[152] Geoffrion A M. A guide to computer assisted methods for distribution systems planning [J]. Sloan Managemnet Review，1975，16 (2)：17-41.

[153] Geoffrion A M. Better distribution planning with computer models [J]. Harvard Business Review，

1976, 54 (4): 92-99.

[154] Geoffrion A M, Graves G W, Lee S J. A management support system for distribution planning [J]. INFOR, 1982, 20 (4): 287-314.

[155] Geoffrion A M, Richard F R. Twenty years of strategic distribution system design: an evolutionary prespective [J]. Interfaces, 1995, 25 (5): 105-127.

[156] Brown G Q, Graves G W, Honczarenko M D. Desigh and operation of multicommodity production/distribution system using primal goal decomposition [J]. Management science, 1987, 33 (11): 1469-1480.

[157] Chopra S. Designing the distribution network in a supply chain [J]. Transportation Research Part E, 2003 (39): 123-140.

[158] Mourits M, Evers J M. Distribution network design: an integrated planning support framework [J]. Logistics Information Management, 1996, 9 (1): 45-54.

[159] Ballou R. Logistics Strategy and Planning, Business logistics management: planning, organizing, and controlling the supply chain [M]. Upper Saddle River: Prentice Hall, 1999.

[160] Shu J, Sun J. Designing the Distribution Network for an Integrated Supply Chain [J]. Journal of Industrial and Management Optimization, 2006, 2 (3): 339-349.

[161] Deldiane N G. Distribution System Design Using Optimization Approach [D]. Cincinnati: University of Cincinnati, Master of Science, 2004.

[162] Levi D S, Kaminsky P, Levi E S. Designing and managing the supply chain: concepts, strategies, and case studies [M]. New York: Tata McGraw-Hill, 2004.

[163] ChopraS, Meindl P. Supply chain management strategy, planning and operation [M]. Upper Staddle River: Prentice Hall, 2007.

[164] Kengpol A, Wangananon W. The expert system for assessing customer satisfaction on fragrance notes: Using artificial neural networks [J]. Computer and Industrial Engneering, 2006, 51 (4): 567-584.

[165] Kengpol A. Design of a decision support system to evaluate logistics distribution network in Greater Mekong Subregion Coutries [J]. International Journal of Production Economics, 2008, 115 (2): 388-399.

[166] Goldman A J. Optimal location for centers in a network [J]. Transportation Science, 1969, 3 (4): 352-360.

[167] O'Kelly M E. A quadratic integer program for the location of interacting hub facilities [J]. European Journal of Operational Research, 1987, 32 (3): 393-404.

[168] Camargo R S, Miranda G. Single allocation hub location problem under congestion: Network owner

and user perspectives [J]. Expert Systems with Applications, 2012, 39 (3): 3385-3391.

[169] García S, Landete M, Marín A. New formulation and a branch-and-cut algorithm for the multiple allocation p-hub median problem [J]. European Journal of Operational, 2012, 220 (1): 48-57.

[170] Sender J, Clausen U. Heuristics for solving a capacitated multiple allocation hub location problem with application in German wagonload traffic [J]. Electronic Notes in Discrete Mathematics, 2013 (41): 13-20.

[171] Kratica J. An electromagnetism-like metaheuristic for the uncapacitated multiple allocation p-hub median problem [J]. Computers & Industrial Engineering, 2013, 66 (4): 1015-1024.

[172] Alumur S A, Nickel S, Saldanha G F. Hub location under uncertainty [J]. Transportation Research Part B, 2012, 46 (4): 529-543.

[173] Correia I, Nickel S, Saldanha G F. Single-assignment hub location problems with multiple capacity levels [J]. Transportation Research Part B, 2010, 44 (8): 1047-1066.

[174] Alumur S, Kara B Y. Network hub location problems: the state of the art [J]. European Journal of Operational Research, 2008, 190 (1): 1-21.

[175] Balinski M L. Interger Programming: Methods, Uses, Computation [J]. Management Science, 1965, 12 (3): 253-313.

[176] Sahyouni K M. Product lifecycle considerations in closed-loop supply chain management [D]. Evanston: Northwestern University, Doctor of Philosophy, 2007.

[177] 马士华，赵勇，陈志祥. 供应链管理 [M]. 北京：机械工程出版社，2000

[178] 李飞. 分销渠道设计与管理 [M]. 北京：清华大学出版社，2003

[179] 张长星，党延忠. 分销网络设计的连续近似模型 [J]. 系统工程学报，2003，8 (5)：447-451.

[180] 张长星，党延忠. 供应商管理库存环境下的分销网络连续近似模型 [J]. 管理工程学报，2005，19 (2)：50-53.

[181] 张长星，党延忠. 整合库存控制的分销网络设计模型——LIM [J]. 系统工程，2003，21 (2)：107-111.

[182] 唐凯. 分销网络设计中的库存——选址研究 [D]. 武汉：华中科技大学，2008.

[183] 王瑛，孙林岩. 多级分销网络的延迟订购策略分析 [J]. 系统工程学报，2004，19 (1)：104-109.

[184] 张敏. 易腐物品物流网络服务设施选址问题研究 [D]. 武汉：华中科技大学，2006.

[185] 张健，吴耀华，刘沛，等. 公路快速货运复合轴辐式网络规划分析 [J]. 山东大学学报：工学版，2008，38 (5)：6-9.

[186] 杨晗熠. 枢纽确定单连接轴——辐网络结构在中国民用航空网络中的应用 [J]. 北京理工大学学报：社会科学版，2010，12 (2)：27-30.

[187] 计明军，陈哲，王清斌. 集装箱船舶支线运输航线优化算法 [J]. 交通运输工程学报，2011，11

(4)：68-75.

[188] 吴旗韬，张虹鸥，叶玉瑶，等. 基于轴辐网络模型的中欧集装箱航线优化 [J]. 中山大学学报：自然科学版，2012，51 (6)：131-138.

[189] 孙会君，高自友. 基于双层规划的供应链二级分销网络优化设计模型 [J]. 管理工程学报，2004 (1)：68-70.

[190] 任华玲，高自友. 动态公交网络设计的双层规划模型及算法研究 [J]. 系统工程理论与实践，2007 (5)：82-89.

[191] 汪传旭，蒋良奎. 基于双层规划的区域港口内陆运输网络优化决策 [J]. 管理工程学报，2008 (4)：67-71.

[192] Chiou S W. Bilevel programming for the continuous transport network design problem [J]. Transportation Research Part B，2005，39 (4)：361-383.

[193] Kuo R J，Han Y S. A hybrid of genetic algorithm and particle swarm optimization for solving bi-level linear programming problem-A case study on supply chain model [J]. Applied Mathematical Modelling，2011，35 (8)：3905-3917.

[194] 何波，孟卫东. 考虑顾客选择行为的逆向物流网络设计问题研究 [J]. 中国管理科学，2009，17 (6)：104-108.

[195] 李砚，杜纲，刘波. 基于混合遗传算法的鲁棒双层规划求解 [J]. 统计与决策，2012 (19)：44-47.

[196] 李昌兵，杜茂康，付德强. 求解双层规划问题的层次混沌量子遗传算法 [J]. 系统工程学报，2013，28 (2)：159-166.

[197] Deb K，Amrit P，Sameer A，et al. A fast and elitist multi-objective genetic algorithm：NSGA-Ⅱ [J]. IEEE Transactions on Evolutionary Computation，2002，6 (2)：182-197.

[198] Choi T M，Li D，Yan H M. Optimal single ordering policy with multiple delivery modes and Bayesian information updates [J]. Computers and Operations Research，2004，31 (12)：1965-1984.

[199] Iyer A V，Bergen M E. Cauick response in manufacturer-retailer channels [J]. Management Science，1997，43 (4)：559-570.

[200] Eppen G D，Iyer A V. Improved fashion buying with Bayesian updates [J]. Operations Research，1997，45 (6)：805-819.

[201] Choi T M，Li D，Yan H M. Quick response policy with Bayesian information updates [J]. European Journal of Operational Research，2006，170 (3)：788-808.

[202] 刘开军，张子刚. 贝叶斯库存管理方式下供应链中的信息汇聚效应 [J]. 运筹与管理，2007，16 (6)：26-32.

[203] 陈金亮，宋华，徐渝. 不对称信息下具有需求预测更新的供应链合同协调研究 [J]. 中国管理科学，2010，18 (1)：83-89.

［204］ 魏炜，申金升.基于贝叶斯更新的供应链协同预测模型研究［J］.预测，2010（5）：68-73.

［205］ 宋华明，杨慧，罗建强，等.需求预测更新情形下的供应链 Stackelberg 博弈与协调研究［J］.中国管理科学，2010，18（4）：86-92.

［206］ 徐娟，章德宾.生鲜农产品供应链突发事件风险的评估模型［J］.统计与决策，2012（12）：41-43.

［207］ 濮永仙.贝叶斯决策网在智能决策系统中的应用研究［J］.计算机与数字工程，2011，39（8）：53-56.